AF196179

✻ Reclam 100 Seiten ✻

ANJA RÜTZEL arbeitet als freie Autorin u. a. für die *Financial Times Deutschland*, für SPEX, *Allegra*, SZ-*Magazin* und *Brigitte*. Sie war Mitbegründerin von *Business Punk* und Editor-at-large von WIRED Deutschland. Seit 2013 berichtet sie für SPIEGEL *Online* regelmäßig über Phänomene des Trash-TVs.

Anja Rützel

Trash-TV. 100 Seiten

RECLAM

2017 Philipp Reclam jun. GmbH & Co. KG,
Siemensstraße 32, 71254 Ditzingen
Umschlaggestaltung nach einem Konzept von zero-media.net
Infografiken (S. 35, 62 f., 74 f.): Infographics Group GmbH
Umschlagmaterial: Creative Print, Schabert
Druck und Bindung: Esser printSolutions GmbH,
Untere Sonnenstraße 5, 84030 Ergolding,
Printed in Germany 2024
RECLAM ist eine eingetragene Marke
der Philipp Reclam jun. GmbH & Co. KG, Stuttgart
ISBN 978-3-15-020433-7

Auch als E-Book erhältlich

www.reclam.de

Für mehr Informationen zur 100-Seiten-Reihe:
www.reclam.de/100Seiten

Inhalt

1 Prolog: Möchtest du hinter der Schattenwand
   hervorkommen?

5 Es gibt Scheiß, Baby!
   Was ist eigentlich Trash-TV?

10 Hol die Kinder rein, das Abendland geht unter!
   Wie der Trash in den Fernseher kam
   und warum man ihn nicht nur bejubeln kann

22 Mach schöne Füße! Möchtest du diese Rose?
   Und dann kommt das Finanzamt.
   Klassische Trash-TV-Formate

60 Sonst nur Arte, aber …
   Der Sonderfall Dschungelcamp

71 Reale Rollen – wiederkehrende Figuren
   und Motive im Trash-TV

84 Trashwiederkäuer und Sinnschürfer.
   Die Fans der Formate

91 Das Leben der anderen –
   der Trashfreund auf der Couch

97 We're trash, you and me.
   Ist Trash-TV wirklich Müll?

Im Anhang Lektüretipps

Prolog: Möchtest du hinter der Schattenwand hervorkommen?

Die Schlammwellen schwappten 2004 über meinem Kopf zusammen, in einem Kölner Hotelzimmer der unteren Preiskategorie. Ich war mit einem Freund angereist, um am Abend ein Musikfestival zu besuchen, wir wollten den frühen Nachmittag zum Vorabentspannen nutzen, und ich schaltete, wie öfters mal um diese Zeit, den Fernseher an. Es lief *Das Geständnis*, ein verlässlich rätselhaftes Talkshow-Derivat, moderiert von Alida, der Gewinnerin der zweiten deutschen Big-Brother-Staffel.

Das an diesem Nachmittag verhandelte Geheimnis war vertrackt wie immer: Ein erwachsener Mann und seine erwachsene Schwester waren auf der Suche nach ihrem etwa 70-jährigen Vater, der seit einiger Zeit verschwunden war. Entführt, mit einer heimlichen Geliebten durchgebrannt, man wusste es nicht, auch die dazugehörige Mutter, die aus noch unklaren Gründen hinter der für diese Sendung obligatorischen Schattenwand platziert worden war, schien ratlos, obwohl sie von Alida in einem der »Backstage«-Kabuffs – die Sendung spielte nicht nur in einer klassischen Talkshow-Arena, sondern auch in diversen solcher Verhörkammern – streng ins Gebet genommen wurde. Irgendwann präsentierte Alida dann triumphierend die Titelseite einer russischen Tageszeitung. »Das ist ja Papa auf dem Foto!«, entfuhr es sogleich dem Sohn, und Alida rapportierte den Inhalt des dazugehörigen Artikels, den ihr Rechercheteam ausgegraben hatte: Im Moskauer Gorki-Park sei vor einigen Tagen ein verwirrter Mann aufgegriffen worden, der nicht wusste, wer er war und wo er herkam, nun bat man die Bevölkerung um Hinweise. Schließlich brach die Mutter unter der Indizienlast zusammen. »Möchtest du hinter der Schattenwand hervorkommen?«, stellte Alida ihre »Signature«-Frage, und die Mutter verließ ihr gut ausgeleuchtetes Versteck, um ihren Kindern zu gestehen, dass sie den Vater vor einiger Zeit in Moskau ausgesetzt hatte, weil er ihr durch seine fortschreitende Demenz zunehmend lästig geworden war. Da schau her!

Just another day at the Geständnis-Office für mich, mir war die Bizarr-Dramaturgie dieses Trash-TV-Formats schon aus vorherigen Folgen geläufig, doch mein Reisekumpan starrte auf den Fernsehschirm, als habe ihn daraus ein Lichtstrahl geblendet, wie es dem späteren Apostel Paulus bei seiner Vision kurz vor Damaskus passiert war. Fast könnte man meinen, der TV-Konsum des Freundes sei irgendwo kurz nach *Locker vom Hocker*- oder *Gaudimax*-Zeiten stehengeblieben, tatsächlich aber war er vor allem verwirrt, weil er gerade zum ersten Mal in diese mediale Parallelwelt geschubst worden war, die jeden Nachmittag und Frühabend ihre Anhänger vor dem Fernseher versammelte, zu Zeiten also, in denen die anderen Menschen arbeiten gingen und Philharmoniekonzerte oder zumindest John-Irving-Lesungen besuchten.

Ich brauchte den Kontrast zu meinem Freund, um in diesem Moment zu erkennen, wie tief ich offenbar bereits in den

Trash-Sumpf hinabgesunken war, ohne es zu merken. Zum Glück fiel mir ein Satz ein, den ich vor vielen Jahren mal gehört und als Universalausrede in einer Hirnschublade abgelegt hatte: »Man darf als Kulturwissenschaftler nicht vor scheinbar niederen Themen und Phänomenen zurückschrecken, weil sich ein Müllmann auch nicht vor dem Müll fürchten darf.« Das hatte mal einer meiner Tübinger Professoren während einer Vorlesung gesagt.

Nun war der analytische Blick der Kulturwissenschaftlerin meist eher schläfrig verhangen, wenn ich in Jogginghose und mit Flipstüte (später dann gerne auch mit einer Packung Schnapspralinen) auf dem Sofa Platz nahm, um mich an den Kapriolen vorgeblich prominenter Kakerlakensnacker zu weiden. Aber es stimmt ja trotzdem: Man kann aus diesen Sendungen viel lernen. Vielleicht nicht über Kindererziehung und Kinderernährung, wie die legendäre »Erdbeerkäse«-Kandidatin aus *Frauentausch* behauptet. Aber darüber, was Menschen in dieser Zeit, in diesem Land um uns herum als lustig, richtig oder auch nur »normal« empfinden. Jede Trash-TV-Sendung ist auch ein Ausbruch aus der Filterblase um uns herum, die meist aus Leuten besteht, die »so etwas« »doch nicht ernsthaft« anschauen würden, die in wichtigen Fragen alle ja eh meist unserer Meinung sind und gerne in Avocadotoastfrühstückslokale gehen. Das Leben der wirklich anderen Menschen, das man bei den Trash-Schuldenberater- oder Wohnungsentrümpelungssendungen begaffen konnte, mochte zwar vom Produktionsteam inszeniert und dramaturgisch aufgezäumt sein – aber das Leben derer, die sich das regelmäßig anschauen und die dort geäußerten Meinungen und demonstrierten Werte lustig, richtig oder normal finden, ist es eben nicht.

Also ist es höchste Zeit, noch mal ganz offiziell hinter der Schattenwand hervorzukommen und eine Lanze (erinnert sich übrigens noch jemand an die Trash-Sendung, die Markus Lanz 2002 moderierte? In *Outback* schlugen sich 13 Kandidaten und Kandidatinnen sechs Wochen lang durch die australische Wildnis und mussten diverse »Challenges« bewältigen) für das oft geschmähte Genre des Trash-TVs zu brechen. Darum, in alter, abgenudelter, unironisch und ganz ehrlich gemeinter It's-only-Rock'n'Roll-but-I-like-it-Pose:

Es ist Mist, aber ich mag's.

Es gibt Scheiß, Baby!
Was ist eigentlich Trash-TV?

Vielleicht wäre Fremdscham ein gutes Einschlusskriterium. Ein zwar für den ausführenden Beurteiler durchaus schmerzhafter Lackmustest, aber vielleicht endlich ein verlässliches, belastbares Indiz? Könnte man also sagen: Alles das ist Trash-Fernsehen, bei dem einem selbst beim Zuschauen leicht unwohl wird, man eine stellvertretende Blamage-Beklemmung für die Beteiligten in sich aufsteigen fühlt, sich schließlich zum Scham-Shrimp pein-embryonal auf dem Sofa zusammenkrümmt?

Ist jede schlechte Fernsehsendung automatisch Trash-Fernsehen? Nein, natürlich nicht. Tatsächlich fehlt bis jetzt allerdings eine befriedigende, alle Aspekte und Formatkapriolen berücksichtigende Definition. Zu vielfältig nämlich sind die verschiedenen Formen und Inkarnationen dieser gestaltwandlerisch begabten Kategorie.

James Poniewozik, Chef-Fernsehkritiker der New York Times, wählte vielleicht auch deshalb einen interessanten Definitionsansatz. Ihm zufolge versteht man unter Trash-Fernsehen also »non-fiction television of which I personally disapprove«. Das ist durchaus sympathisch in seiner erfrischenden

Egozentrik, aber eben leider auch extrem rezipientenzentriert und wenig allgemein praktikabel.

Das Problem bei der fachkundigen Bestimmung von Trash-Fernsehen: Anders als bei formalen Termini wie »Dokumentation«, »Serie« oder »Fernsehspiel« beschreibt der Begriff kein Genre, sondern vor allem ein Werturteil, das naturgemäß aber immer nur subjektive Geltung haben kann. Trash ist demnach: minderwertig, banal-trivial, schäbig. Abfall eben, wie es die Bedeutung des englischen Begriffes schon sagt, Müll, Unrat, Plunder. Primitiv! Allein schon die billigen Witze, die windschiefen Dialoge, die erbärmlichen Storys, die das Trash-Fernsehen auftischt. Die Knallchargen, die als Protagonisten darin herumwanken. Unterhaltung für die tumben Massen. Kein Anspruch, keine Qualität, dafür permanentes Kitzeln niederster Instinkte mit der extraflaumigen Gaumenfeder: Gafflust, Schadenfreude, wohliger Ekelschauder, Erhabenheitsgefühl.

Was Trash-Fernsehen ist, lässt sich eigentlich nur durch Abgrenzung bestimmen. Davon, was diese Sendungen alles *nicht* sind. Und von denen, die sich das anschauen, und die ganz sicher nicht man selbst sind.

Früher sagte man einfach: Reality-TV. Weil die ersten Formate, die später in der Trash-Schublade landen sollten, eben das »echte« Leben der »echten« Menschen beschreiben sollten und wollten, damals, in den neunziger Jahren. Jürgen Grimm verstand unter diesem Begriff eine Programmform, »die mit dem Anspruch auftritt, Realitäten im Sinne der alltäglichen Lebenswelt anhand von Ereignissen darzustellen, die das Gewohnte der Alltagsroutine durchbrechen«: Also nicht die fade Arbeitswelt oder der schnarchige Familienalltag, sondern spektakuläre Vorkommnisse wie Heirat, Geburt, Krankheit oder Tod.

Angela Keppler versucht es mit einer Deutung aus der Perspektive der Protagonisten, sie unterscheidet zwischen narrativen und performativen Formaten. Performativ seien »Unterhaltungssendungen, die sich zur Bühne herausgehobener Aktionen machen« – die klassische *Deutschland sucht den Superstar*-Mottoshow also. Beim narrativen Realitätsfernsehen würden die Zuschauer dagegen »mit der authentischen oder nachgestellten Wiedergabe tatsächlicher Katastrophen unterhalten«. »Katastrophen« deshalb, weil diese Definition noch aus seligen *Notruf*-Zeiten stammt und an die frühen Jahre erinnert, als Reality-TV vor allem Verbrechen, Unfälle und Rettungsversuche nacherzählte. Andererseits kann auch der ganz normale Alltag in einer *Frauentausch*-Familie durchaus als Katastrophe durchgehen.

In der Formulierung »nachgestellte Wiedergabe« klingt zumindest sachte der Aspekt der Inszenierung an, ein wichtiger Punkt bei der Begutachtung von Trash-Formaten, über den man oft nur mutmaßen kann, da einem der Einblick in die Produktionsbedingungen in der Regel verwehrt bleibt. Klar ist nur: Die dargestellte Wirklichkeit dieser Formate ist eben nicht Realität, sondern nur Reality. Das klingt auch schon wie eine Koseform davon, eine lustig zurechtgezwirbelte, auf Unterhaltung gestriegelte Wirklichkeits-Variante also. Ein Realitätchen.

Zu Beginn der Nullerjahre etablierte sich kurz ein neuer Sammelbegriff: »Unterschichtenfernsehen« schloss nicht nur ein Urteil über die Qualität der gemeinten Sendungen, sondern auch über das Niveau ihrer angenommenen Rezipienten mit ein. Dieses Abfallfernsehen, all die in der Gosse angespülten Inhalte, das konnte ja nur Schmuddelkost für die unteren Schichten sein. Was natürlich nicht nur grässlich reaktionär, sondern schlichtweg dumm ist, weil der Begriff »Unterschichtenfernsehen« den einheitlichen Mediengebrauch einer sozialen Gruppe unterstellte – und aburteilte.

Paul Nolte versuchte den Begriff 2004 in seinem Buch *Generation Reform* umzudeuten, indem er von einer »neuen Unterschicht« schrieb, die nicht durch Finanzschwäche, sondern durch mangelnde Bildung gekennzeichnet sei. Auch überdurchschnittlich gut Verdienende könnten sich also in diese niedrige Kaste der Dümmlichen einreihen. Im allgemeinen Sprachgebrauch kam das »Unterschichtenfernsehen« schließlich an, als Harald Schmidt den Begriff 2005 in einer Sendung benutzte und damit seinen damals früheren Arbeitgeber Sat.1 meinte.

»›Unterschichtenfernsehen‹ ist kein vorgängiges Phänomen, kein ›Auswuchs‹, kein ›Problem‹, das es in der ein oder anderen Weise zu lösen gilt, sondern eine Problematisierung«, schrieb Thomas Waitz dann glücklicherweise in seinem Aufsatz ›Unterschichtenfernsehen‹. *Eine Regierungstechnologie*. Und diese »Problematisierung« ziele vor allem darauf, eine bestimmte, als homogene Gruppe konstruierte Bevölkerungsmenge auszugrenzen und sich als propere Bürger von ihr abzusetzen.

Nicht zuletzt transportierte der Begriff auch die verklausulierte Angst der Mittelschicht vor dem eigenen Abrutschen oder vor dem Aufstand der tumben Masse, dieser stumpfen Schmuddler, die sich am Billig-Fernsehen ergötzen, wie der Pöbel früher eben Gaukler und Hinrichtungen begaffte, weil ihm damals wie heute der Verstand, das Abstraktionsvermögen für die feineren Inhalte fehlte.

Was das aber eigentlich sein sollte, gutes Fernsehen, und wie man es vom schlechten unterscheiden könne, wollte *Die*

Welt 2005 in einem Interview von Medienphilosoph Norbert Bolz wissen. Der fand an dieser Frage schon den Ansatz falsch. »Hinter der qualitativen Einteilung von gutem und schlechtem Programm steckt der Trugschluss, Fernsehen würde eine Möglichkeit der Aufklärung und Bildung bieten. Dieses Versprechen kann nicht gehalten werden«, so Bolz. Und weiter: »Wer von schlechtem Programm spricht, soll mir anspruchsvolles Programm zeigen. Es wird fast überall Trash gesendet. Anspruchsvolles Programm ist eine Illusion der Kritiker, die selber gerne bestimmte Programme schauen und diese per definitionem für gutes Programm erklären. Wo ist der Unterschied zwischen Musikantenstadl und Big Brother? Es gibt prinzipiell keinen. Dieser Effekt, den ich als universalisierte Geschmacklosigkeit bezeichnen möchte, ist ein Effekt der Massendemokratie.«

Eine heimliche Universalvertrashung, eine unentrinnbare, allgegenwärtige Versumpfung? So weit ist es dann vielleicht doch noch nicht. Mindestens einem Punkt aus Bolz' Antwort muss ich auf jeden Fall sehr vehement widersprechen: der Idee, dass Fernsehen nicht bilden kann. Kann es doch. Sogar und besonders Trash-TV. Aber dazu später.

Hol die Kinder rein, das Abendland geht unter!
Wie der Trash in den Fernseher kam
und warum man ihn nicht nur bejubeln kann

Angeblich hat alles mit der Softeis-Maschine angefangen. Mit diesem unverdächtig aussehenden Schlonz-Zapfautomaten, den ein argloser Passant sachgemäß bediente – um sich dann einem nimmer enden wollenden Strom süßer Frostmasse ausgeliefert zu sehen, die aus der Spendedüse quoll und quoll. Kein Mitarbeiter, den der hilflos die Schmierhände ringende Dauerzapfer hätte zur Hilfe rufen können, stattdessen eine mittlere Softeissauerei auf dem Bürgersteig und gaffende Menschen, bis sich endlich der Moderator, dieser Spaßvogel, seinen Weg zum verzweifelten Eismenschen bahnte, mit einem Zeigefinger direkt in Richtung Zuschauer wies und sagte: »Da steht unsere versteckte Kamera.«

Streiche wie diese gelten in vielen Reality-TV-Geschichtsabhandlungen als Geburtsstunde des Genres, alleine schon deshalb, weil erstmals unbeteiligte Normalbürger vor die Kamera traten und sich ohne Irritation durch die Kamera verhielten, wie sie sich eben im Alltag verhalten, denn sie wussten ja nicht, dass sie ungewollt zu Performern geworden waren. Gegen diese Einordnung spricht allerdings genau dieser Punkt: Setzt eine Kategorisierung als Reality-TV nicht auch einen gewissen Performanz-Willen beim Mitwirkenden voraus, eine eindeutige Ich-zeige-mich-Absicht? Falls nein, schlug die Geburtsstunde des Realityfernsehens also womöglich schon 1948 mit der ersten Folge *Candid Camera* in den USA.

In Deutschland war es wahrscheinlich aber doch die durchsichtige Bluse, die den ersten, wahren Fernseh-Trashmoment in all seiner schrillen, geschmacksschlingernden, irritierenden Herrlichkeit möglich machte. Es war 1970, in der Familienshow *Wünsch dir was* hatte Moderator Dietmar Schönherr gerade die Kandidatenfamilie gefragt, welches der fünf von Mannequins vorgeführten Kleidungsstücke die 17-jährige Tochter wohl gleich für ihren eigenen Catwalk-Auftritt wählen würde. Die kecke Tochter entschied sich für das Outfit mit sehr transparenter Bluse, die alles offenlegte, was 45 Jahre später in *Germany's next Topmodel* meist mit fleischfarbenen Dezenzpflastern überklebt wird.

Skandal! – Natürlich. Mord- und Bombendrohungen gingen ein, die zuständigen Empörungseinrichtungen empörten sich. Die Familie aber gewann das Spiel, denn Vater, Mutter, Bruder hatten alle auf die Provo-Bluse getippt.

Wünsch dir was, erstmals 1969 gesendet, war die erste Schmuddelfalte in der gestärkten Tischdecke der Samstagabend-Unterhaltung, der Schreckgummiwurm in der Knabbermischung. Bei den avantgardistischen Spielen wurde schon mal eine ganze Familie samt Auto in einem Wasserbassin versenkt, worauf die Mutter von Tauchern vor dem Ertrinken gerettet werden musste, weil sie in Panik ihre Autotüre nicht öffnen konnte. Auch die Gesprächsrunden waren brisant: Familienmitglieder mussten beispielsweise erraten, welche

Lebensträume die anderen bereits ernüchtert begraben hatten, weil die Zwänge und Konventionen des Familienlebens sie an der Erfüllung ihrer heißesten Wünsche hinderten. Wäre es also nicht besser, dem wilden Leben der Hippies nachzueifern? Zündelstoff, gewiss.

Leonies Busenbluse aber war das entscheidende Requisit, das die schläfrige deutsche Post-Badewannen-Fernsehunterhaltung erstmals ins Trashige kippen ließ.

Auch der erste, reinrassige Reality-Moment im Fernsehen lässt sich relativ eindeutig bestimmen: Die US-Doku-Serie *An American Family*, erstmals 1973 ausgestrahlt, sollte eigentlich nur das ganz gewöhnliche Leben der Loud-Family erzählen, einer Familie der gehobenen Mittelklasse aus Santa Barbara, Kalifornien. Zu diesem Zweck wurde die Familie vom 30. Mai bis zum 31. Dezember 1971 immer wieder von Kamerateams besucht – und die harmlos konzipierte Doku fing schließlich den Moment ein, in dem Mutter Pat Vater Bill um die Scheidung bat. Und das Coming-out eines der Söhne, Lance.

Interessanterweise waren bereits in dieser Pionierexpedition die wichtigsten Kritikpunkte angelegt, die das Genre bis heute beschäftigen. Die Louds beschwerten sich nach der Ausstrahlung, das Material sei tendenziös bearbeitet und so geschnitten worden, dass die negativen Momente des Familienlebens besonders in den Vordergrund gestellt wurden. Kritiker bemängelten außerdem, die Anwesenheit der Kamera habe die Familienmitglieder zum Schauspielern verleitet. Die Geburtsstunde des Reality-TV ist damit gleichzeitig der erste Abgesang auf seine grundlegende Kern-Idee einer Abbildung des Echten, Wahren, Authentischen.

1989 entdeckte das US-Fernsehen eine Themenwelt, die die ersten Blütejahre des Reality-Genres prägen sollte: *COPS* verfolgt den amerikanischen Polizeialltag und gilt als langlebigste US-Serie – Ende 2016 wurden immer noch neue Folgen produziert. 1992 setzte MTV mit seiner WG-Soap *The Real World* dann den dramaturgischen Kontrapunkt zum actiongeladenen Polizeialltag: die Dramatisierung der Langeweile.

In Deutschland war noch nichts von alledem angekommen, für den prophezeiten Untergang des Abendlandes reichten die hiesigen TV-Verhältnisse dennoch aus. »Ein Trend zur Tobsucht ist unverkennbar in deutschen TV-Unterhaltungen, ein Drang zu ungenierter Blödheit und infantilem Spieltrieb. Spielshows sind en vogue, die das Volk mit rohen Späßen, Zunder und Zoten amüsieren. Die Lauser sind los. Eine neue Generation von Showmastern drängt in die Lachprogramme, Schadenfreude ist der Humus, auf dem ihr Gewerbe gedeiht. Und massenhaft stürzen sich die Laien-Spieler, die aufgekratzten Exhibitionisten, ins öffentliche Gelächter«, schrieb der *SPIEGEL* 1987 über die vergleichsweise harmlose Sendung *Wortschätzchen*. Noch war ein Jahr Schonfrist, bevor der luxemburgische Sender RTL Deutschland in völlige moralische Verheerung stürzen sollte. Interessanterweise wurde als volksverblödende Schundzentrale damals vom *SPIEGEL* noch ein anderer Sender ausgemacht: »Die ARD ist Triebkraft der neuen manischen Heiterkeit.«

Vor allem die ARD-Samstagabendshow *Vier gegen Willi*, ausgestrahlt zwischen 1986 und 1989, »mit dem possierlichen Nasenbär und Nippel-Sänger Mike Krüger, 35, als Moderator«, entzürnte den Autor des Artikels. Tatsächlich mutete diese erstaunlich dadaistische Show ihren Zuschauern und Kandidaten bislang ungewohnte Grenzüberschreitungen zu: Einem Postbeamten wurde eine Irokesen-Frisur geschoren, die »Toten Hosen« zertrümmerten das Wohnzimmer einer entgeisterten, live zugeschalteten Kandidaten-Familie, und ein erwachsenes Mitglied der Tiroler Familie Pirkl-Picker musste mehrere Würste von einer Leine beißen.

Aus heutiger Sicht ist es allerdings fast rührend, welche relativen Harmlosigkeiten TV-Kritiker damals bereits in wilden Furor versetzen konnten. Jürgen von der Lippe etwa, der in seiner Quatschshow *Donnerlippchen* als »ordinär und rüde bis zum Sadismus« agieren würde: »So placierte er unlängst zwei frisch ondulierte und gebügelte Mitspielerinnen in eine Badewanne, stellte Nonsens-Fragen und bei falschen Antworten die Dusche an. Sichtlich vergnügt betrachtete der Showmaster sodann die Damen-Qual, das ruinierte Make-up, die entstellten Gesichter.« Mit Wasser übergossene Damen, süß! Kakerlakendusche, anyone?

Auch die *FAZ* stimmte in den Klagegesang ein: »Nicht mehr durch Leistung, sondern durch Leiden kommen Fernsehkandidaten neuerdings zu öffentlichen Ehren.« Immerhin werde der Spott der Zuschauer im Glücksfall hübsch vergolten: »Mit Bargeld, Videogerät oder Schreibmaschine.«

In Los Angeles, raunte der gut informierte *SPIEGEL*-Autor, residiere bereits eine »Psycho-Schule«, die Showkandidaten »enthemmt«. So erbarmungslos, schloss er schließlich, werde die deutsche Spielwut im Fernsehen wohl niemals zuschlagen.

13 Jahre später brauchte der Fernsehsender RTL 2 zwei juristische Gutachten, um die medienrechtliche Zulässigkeit seiner neuen Sendung *Big Brother* zu beweisen. Schon vor der Ausstrahlung der ersten Folge im Februar 2000 hatte die neue Containerschau für großen Aufruhr gesorgt: Wenn Menschen rund um die Uhr von Kameras beobachtet werden – kann dann der verfassungsgemäße Schutz der Menschenwürde noch garantiert werden?

Zehn Menschen, fünf Männer und fünf Frauen, die noch nie aufeinandergetroffen waren, sollten bis zu 100 Tage in einem von der Außenwelt sorgfältig abgeriegelten Haus verbringen und dabei bestimmten Regeln folgen. Das gemeinsame Leben stand dabei unter dem Motto »back to basic«, pro Tag wurde den Bewohnern nur eine Stunde warmes Wasser gewährt.

So laut war das Entsetzensgeschrei, dass ein wichtiger Kritikpunkt leider etwas ins Hintertreffen geriet. Das Schweizer *Medienheft* kritisierte glücklicherweise dann endlich mal nicht die ethische, sondern die dramaturgische Dimension: »Warum die Aufregung um diese Sendung? Die vielleicht bündigste Antwort lautet: Weil sie dazu gehört. *Big Brother* hat keinen anderen Zweck als aufzuregen. All die Besorgten haben stets das Geschäft von Endemol und RTL besorgt, die Alarmierten haben mit ihren Warnsignalen die Publikumsherden zusammengetrieben. [...] Ohne die Aura des Skandalösen wäre *Big Brother* schlicht das, was es in Wirklichkeit sein wird: eine viel zu lange Staffel von langweiligen Sendungen.«

Die Hysterie der Zuschauer erreichte ihren Höhepunkt an Tag 41. Aus dem ganzen Land reisten Menschen am 9. April 2000 spontan in ein schäbiges, abgelegenes Industriegebiet nach Köln-Hürth. Niemand hatte sie eingeladen, und im Grunde gab es nichts zu sehen. 10 000 Besucher rotteten sich trotzdem rund um das Produktionsgelände zusammen, um bei einem der Großereignisse in der deutschen Trash-Geschichte hautnah dabei zu sein. Die Publikumslieblinge Zlatko und Jürgen waren zur allgemeinen Überraschung gemeinsam nominiert worden, einer von beiden würde an diesem Abend das Haus verlassen. Am Ende traf es Zlatko, und das zarte Handynetz über Köln-Hürth brach zusammen.

Nach dem Hype um *Big Brother* gehörten die Nullerjahre den nachmittäglichen Gerichts- und Talkshows. *Richterin Barbara Salesch* wurde erstmals im September 1999 ausgestrahlt, die letzte Sendung von *Arabella* im Juni 2004. Der schmerzhafteste Niveau-Bauchplatscher gelang in diesen Jahren Sat. 1 mit der TV-Show *Banzai*: Der Tiefpunkt war erreicht, als sich Nadja »Naddel« Abd el Farrag in der Sendung den Busen wiegen ließ. Die Zuschauer durften mitraten: Ist er so schwer wie eine Mango, ein Kopf Brokkoli oder eine Honigmelone? Der japanische Erfüllungsgehilfe stimmte dazu einen adäquat befremdlichen Singsang an: »Haha, sehr schön, hervorragend. Mr Cheeky Chappi sehr glücklich, sehr schöne Aufgabe. Stopp bei 1350 Gramm!«

Weitere Meilensteine der Trash-Kultur: 2004 startete in Deutschland *Ich bin ein Star – holt mich hier raus!* (*IBES*), 2005 *Bauer sucht Frau*. 2009 hatte sich das semifiktive Genre der »Scripted Reality« so sehr durchgesetzt, dass mehr als 60 Sendungen pro Woche dieser Stilform zuzuordnen waren – von *Verdachtsfälle* bis *Mitten im Leben*.

Und die Proteste? Schwellen immer wieder mal an, wenn ein Nackt-Dating-Format oder eine ähnlich abwegige Sendung startet. An die ganz gewöhnlichen Vorführ-Formate wie *Biggest Loser* hat man sich längst gewöhnt, an die regelmäßige Kritik an ihnen auch. Mitunter schreckt man immerhin kurz auf, wenn sie so außergewöhnlich drastisch und hübsch formuliert ist wie etwa Roger Willemsens Gedanken in der *taz* zu *Germany's next Topmodel* (*GNTM*): »Eine unschöne Frau mit laubgesägtem Gouvernanten-Profil bringt kleine Mädchen zum Weinen, indem sie ihre orthodoxe, hochgerüstete Belanglosigkeit zum Maßstab humaner Seinserfüllung hochschwindelt, über ›Persönlichkeit‹ redet, sich aber kaum mehr erinnern kann, was das ist, und sollte diese je zum Vorschein kommen, sie mit Rauswurf bestraft. Der Exzess der Nichtigkeit aber erreicht seinen Höhepunkt, wo Heidi Nazionale mit Knallchargen-Pathos und einer Pause, in der man die Leere ihres Kopfes wabern hört, ihre gestrenge ›Entscheidung‹ mitteilt, und wertes von unwertem Leben scheidet. Da möchte man dann elegant und stilsicher, wie der Dichter sagt, sechs Sorten Scheiße aus ihr rausprügeln – wenn es bloß nicht so frauenfeindlich wäre.«

Tatsächlich steht vor allem *GNTM* in der Kritik, seit diese Sendung in Deutschland ausgestrahlt wird, und ebenso lange begegnet man den turnusmäßig zu Beginn jeder neuen Staffel wieder hochbrodelnden Anwerfungen mit dem regungslosen Grienen eines zahngebleichten Stoikers. Verherrlichung der Oberfläche, Verstörung heranwachsender Mädchen, Lookismus? Sei's drum.

Dem Vorwurf, gesundheitsgefährdende Schönheitsideale zu vertreten, begegnete man, indem man Heidi Klum mehrfach pro Staffel demonstrativ feiste Burger und Schmandtorte verzehren ließ. Ein gewisses Maß an Scheinheiligkeit prägt wohl tatsächlich das Stilprinzip der Sendung – vielleicht nur gutgemeinte Vorbereitung auf die garstige Modewelt, das baldige Arbeitsfeld der »Meedchen«? Die glattgeschmirgelte Oberfläche des Formats verhindert leider, dass die allfälligen Ratscher im schönen Schein wirklich so sichtbar werden, dass sie nachhaltig stören. Nur selten flutschen goldene Momente wie dieser durch den Schnitt, als die spätere Siegerin Kim Modelmacherin Klum dafür lobte, wie offen, ehrlich und zugänglich diese auf dem gemeinsamen Ball-Ausflug in New York gewesen sei: »Menschlich eben!« »Ach«, mokierte Klum sich sofort, »menschlich – und wie bin ich sonst?« Darauf Kim, sachlich richtig, aber nicht besonders schlau: »Schön.«

Die Kritik mag an GNTM verhältnismäßig teflonartig abperlen, weil die Auswirkungen auf seine jungen Zuschauerinnen zwar ahnbar, aber nicht konkret auf das Format rückführbar sind. Anders verhält es sich beispielsweise mit Teilnehmern des Formats *Frauentausch*, die die Auswirkungen ihrer vertrashten TV-Präsenz mitunter sehr direkt zu spüren bekommen. Christian Leps zum Beispiel, der durch seinen Ausraster wegen eines zerbrochenen Frühstücksbrettchens in der 198. Folge der Sendung schaurige Berühmtheit erlangte.

Über 1,1 Millionen Klicks hat der inoffiziell bei Youtube hochgeladene Ausschnitt schon, in dem zu sehen ist, wie er die fremde Tauschfrau anbrüllt, völlig ausflippt, schier die Nerven verliert, weil sie beim Spülen besagtes Brettchen zerbrochen hatte. 2,50 Euro habe das gekostet, das sei für ihn viel Geld, schrie er. »Die Sendung hat unser Leben zerstört«, sagt er Jahre später einem Reporter. Denn seine Mitbürger in der ostdeutschen Kleinstadt Zerbst rächen sich für das vermeintlich schlechte Licht, das durch Lepsens Ausflipper auch auf ihre Heimat gefallen sei. Zuerst stopfen sie Dutzende Frühstücksbrettchen in seinen Briefschlitz, dann werfen sie Hunderte Eier auf die Hausfassade, treten die Haustür ein, demolieren die Regenrinne. Tagelang steht die Familie unter Polizeischutz. Von früheren Freunden werden sie gemieden, sein Dartclub grault Leps aus dem Verein, die Vermieterin kündigt die Wohnung. Das geht so lange, bis die Familie wegzieht aus der Stadt.

Dabei habe man doch eigentlich nur bei *Frauentausch* mitgemacht, weil man mal wissen wollte, wie das so zugeht beim Fernsehen, sagte Frau Leps.

Tatsächlich würde man ja selbst ganz gerne wissen, wie viel, zum Beispiel in den diversen Verkupplungssendungen, den

Mitwirkenden nun von der Produktionscrew vorgegeben wird und wie viel freie Stammelei ist. Die fiktive US-Serie *UnREAL* kokettiert mit diesen Spekulationen. Sie spielt am Set einer *Der Bachelor*-artigen, fiktiven Verkuppelungsshow namens *Everlasting* und erzählt die fiesen Manipulationen und Psychoschikanen, derer sich die Produktionsmannschaft bedient, um die Mitwirkenden vor der Kamera nach ihren Wünschen in ihre vorgefertigten Erzählschablonen zu pressen. Da werden die Medikamente einer bipolaren Teilnehmerin heimlich gegen Placebos getauscht, eine andere wird zum ungewollten Lesben-Outing getrieben, eine Set-Psychologin führt über jeden Teilnehmer eine dicke Akte mit möglichen Knackspunkten. Die Realitätenschneider und Geschichtenschuster hinter den Kulissen kennen keine Skrupel.

UnREAL ist Fiktion, natürlich. Allerdings arbeitete Sarah Gertrude Shapiro, die die Serie zusammen mit *Buffy, the Vampire Slayer*-Drehbuchschreiberin Marti Noxon erfand, früher als Produzentin bei der US-Version von *The Bachelor*, was nahelegt, dass zumindest nicht alle fiesen Praktiken völlig frei erfunden sind.

Dass es auch deutsche Produktionen mit dem Respekt vor ihren Protagonisten und ihrer Sorgfaltspflicht nicht allzu ernst nehmen, zeigte auch Jan Böhmermanns »Verafake«-Aufdeckung: Er schleuste in die von Vera Int-Veen moderierte Sendung *Schwiegertochter gesucht* zwei Schauspieler ein, die den liebesuchenden Robin, 21 Jahre, Eisenbahnfreund und Schildkrötensammler, und seinen zerrütteten Alko-Vater René mimten – »um aufzudecken, was Vera und RTL seit zehn Jahren für eine Scheiße mit Menschen abziehen, die sich nicht wehren können«, so Böhmermann in seiner Sendung *Neo Magazin Royale*.

Eine ganze Elends-Wohnung hatten Böhmermann und sein Team ausstaffiert und mit versteckten Kameras ausgestattet, um RTL vorzuführen. Um zu zeigen, dass die Kandidaten tatsächlich nur 150 Euro Aufwandsentschädigung für bis zu 30 Drehtage erhalten. »Ihr habt Robin und René noch dümmer gemacht, als wir sie uns ausgedacht haben«, resümiert Böhmermann am Ende.

All die Anklagen konnten dem Genre nichts anhaben. Längst wurde das erste Kind in einem *Big Brother*-Container geboren, 2005 kam es in Holland vor laufender Kamera zur Welt – hinter einer Stellwand, um die Privatsphäre von Kind und Mutter zu gewährleisten, die man gezielt als Hochschwangere gecastet hatte. Natürlich gab es Proteste, gesendet wurde das Material doch.

Ähnlich wie bei der Reality-Serie *Urlaub im Protektorat*, die das tschechische Fernsehen 2015 zeigte. Darin wurde eine Familie in die Hitler-Zeit zurückversetzt und mit den Lebensbedingungen während der nationalsozialistischen Besatzungszeit konfrontiert. »Genauso wie ihre Vorfahren vor 70 Jahren leben sie in ständiger Angst vor der Gestapo«, erklärte der Sender CT. Die Familie musste demnach mit Lebensmittelkarten und willkürlichen Verfügungen klarkommen. Eigens für die Aufnahmen wurde ein Gut in einer abgelegenen Bergregion der Zeit entsprechend hergerichtet. Die einzelnen Folgen heißen »Willkommen in der Hölle«, »Überlebensregeln«, »Razzia« oder »Die Gestapo im Nacken«.

Und auch *Orgasm Wars* ist eine echte, wahrhaftig ausgestrahlte japanische Trash-Sendung. Ihr Inhalt: Menschen müssen vor laufender Kamera anderen Menschen einen Orgasmus bescheren, obwohl die sich dagegen wehren. In einer Folge trifft ein schwuler Bar-Betreiber auf einen heterosexuellen

Pornostar. Zunächst werden höflich Visitenkarten ausge-
tauscht. »Die Spannung ist auf dem Höhepunkt! Welche Technik wird er wählen?«, hyperventiliert der Kommentator, dann
steigt der Pornodarsteller in ein Gestell, dessen kastiger Mit-
telteil seinen Unterleib verdeckt, der Herausforderer steckt
seinen Kopf in den Kasten, und die Spiele beginnen. Leicht ist
es nicht, doch alsbald sind würgende Schmatz- und Gurgelge-
räusche aus dem Gestellkasten zu hören, bis der kopflose Herausforderer nach Taschentüchern tastet. Jubel brandet auf.

Autoren von fernsehkritischen Satire-Serien haben es heute
schwer, die Wirklichkeit noch zu toppen.

Mach schöne Füße! Möchtest du diese Rose? Und dann kommt das Finanzamt.
Klassische Trash-TV-Formate

Entbeint man geläufige Trash-Formate bis auf ihre Grund-
struktur und zupft alle dramaturgischen Fleischfitzel vom
konzeptuellen Knochengerüst, lassen sich drei grobe Skelett-
formen erkennen: Die Casting-Show (ihr Urtyp: Gesangswett-
bewerbe wie *Deutschland sucht den Superstar*), die Doku-Soap
(mit wechselnden Graden der Inszenierung – von komplett
durchdramatisierten nachmittäglichen Gerichts-TV-Formaten,
bei denen die handelnden Figuren von Laiendarstellern ge-
spielt werden, bis zu scheinrealen Formaten mit »echten« Personen wie *Frauentausch*) und der Doku-Wettstreit (bei dem
die Kandidatengruppe auf einer einsamen Insel oder in einem
deprimierend scheußlich glööcklerisierten Studio-Container
um den Sieg kämpft).

Eine solche, extrem grobe Einteilung mag aber bestenfalls
für die noch nicht sehr differenzierte Frühphase des Trash-
TV-Wesens tauglich gewesen sein, inzwischen hat sich das
Genre – wie jede ausreichend lange praktizierte Kulturform –
längst in viele, immer kleinere Schubladen und Schächtelchen

sortiert. Um sie zu ordnen, erscheint es weniger sinnvoll, sie nach formalen Gemeinsamkeiten als nach inhaltlich-semantischen voneinander zu trennen, bezogen auf die zugrundeliegende Narratio – die Geschichte also, die in den jeweiligen Formaten erzählt wird. Denn jedes Trash-Format erschafft seine eigene Story, an deren Ende typischerweise eine Lehre steht: Streng dich an und tue, was man dir sagt, dann kannst du gewinnen! (*GNTM*) Wer seine typischen Frauenaufgaben im Haushalt vernachlässigt, ist eine schlechte Mutter! (*Frauentausch*) Richte all dein Tun und dein Wesen darauf aus, dass es dem Mann gefällt, dann wirst du die Liebe und damit dein Lebensglück finden! (*Der Bachelor*)

	Deutschlands schönste Frau	Der Bachelor	Germany's next Topmodel
Nur eine kann gewinnen	×	×	×
Nacktshooting	×		×
Dolle Villa	×	×	×
Umständliche Rauswahlszene	×	×	×
Umstyling	×		×
angezettelter »Zickenkrieg«	×	×	×
Weinen	×	×	×
Petting-Absicht		×	

Matrixvergleich zu drei bekannten Trash-TV-Formaten.

Schöner, dünner, heißer – komischerweise aber nie schlauer, lässiger, witziger – sollen die Protagonistinnen und Protagonisten in den Formaten dieser Kategorie im Laufe jeder Staffel werden. Das passt hervorragend zum gesellschaftlichen Schwitz- und Strampeltrend, dem auch Nicht-Reality-TV-Teilnehmer jeden Tag ausgesetzt sind, dem Zwang, jeden Tag an einer besseren, effektiveren Version seiner selbst zu schnitzen. Die Mutter aller deutschen Optimierungsshows ist *Germany's next Topmodel*, seit 2006 im TV-Programm und der strikten Form nach ein Formatmix aus Castingshow und Doku-Wettbewerb: Die Kandidatinnen treten in sogenannten Challenges, bei Castings, Fotoshootings und einem Entscheidungswalk am Ende jeder Folge gegeneinander an, drumherum werden sie quasi-dokumentarisch bei ihrem »Privatleben« in der Model-Villa begleitet.

Doch bei *GNTM* steht nicht die eigentliche Siegerin, die meist rasch wieder in der Versenkung verschwindet, sondern der Verwandlungsprozess im Fokus: Es geht nicht darum, was die »Meedchen« schon können, wenn sie in den Modelwettstreit eintreten, wie toll sie schon aussehen, wie elegant sie bereits dank häuslicher Übung gehen können, sondern um die maximale Formbarkeit, das elastischste Wesen. Tatsächlich sind es gerade die früh als Favoritinnen gehandelten Kandidatinnen, die am Ende doch noch straucheln, überholt werden von einer Konkurrentin, die »Entwicklungspotenzial« bewiesen habe – nichts liebt die *GNTM*-Produktionsmaschine so sehr wie eine tüchtige Schippe Aschenputtel-Kitsch.

Eine Schlüsselfolge bei jeder Neuauflage der Heidi-Klumschen Modelakademie ist darum das Umstyling der Kandidatinnen, die Königs-Heul-und-Grein-Disziplin, die symbolische Einverständniserklärung und Komplett-Hingabe der Mädchen: Tue mit mir, was du für richtig hältst, auch wenn es schmerzen wird, denn du weißt besser als ich, was gut für mich ist.

Es ist der Moment, in dem teilweise gerade 16-jährige Mädchen zur zurechtstutzbaren Buchsbaumhecke und zu kommerzialisierbaren Körpern werden. Staffel um Staffel droht Klum ihren verängstigten Langhaardamen, gerne auch zu dramatischem *Carmina Burana*-Hintergrunddräuen, dass die Schnippschnappelei dieses Mal noch ärger ausfallen wird als sonst: »Das dramatischste Umstyling aller Zeiten«, versprach 2016 in Staffel 11 schon der Sendungs-Vorspann – und tatsächlich bezog sich dieses Versprechen weniger auf die Drastik der Veränderungen als auf deren Inszenierung, in der Klum als Generalin Ratzfatz zwischen der halb hadernden, halb hoffenden Mädchenschar einherschreitet, um mit ein paar im Handstreich verordneten Kurzhaarfrisuren rasch den Willen einiger innigst an ihren Mähnen hängenden Heulemädchen zu brechen. Und sich so ein Grüpplein identifizier- und wiedererkennbarer Mädchen zurechtzufrisieren, das dann in den nächsten, langen Wochen das Modelhandwerk von ihr erlernen darf. Wobei selten mehr Arbeitskleidung als ein Bikini angelegt wird. »Heiß, sei mal heiß, heißer!«, ist seit kurzem eine von Klums meistgebrauchten Regieanweisungen bei den Shootings, bestenfalls mal variiert mit »mach schöne Füße!«.

Viel wird hin- und hergegangen bei *GNTM*, und weil auch die Kandidatinnen inzwischen etliche Staffel-Aufgüsse lang Zeit hatten, sich den perfekten Paradepferdschritt vom TV-Übungslaufsteg abzugucken, zeigen viele von ihnen schon in den frühen Stadien der Sendung langweilige, dramaturgisch schlecht ausschlachtbare Professionalität. Auch die immergleichen Zickereien und Gräbchenkämpfe im Mädchencamp sind inzwischen vorhersehbar und eher fad.

Darum soll ab Staffel 11 ein neues Duell-Element für mehr Spannung sorgen, die Kandidatinnen werden in zwei konkurrierende Teams getrennt, denen jeweils ein Jurymitglied (in Staffel 11 *GNTM*-Veteran Thomas Hayo und Designgockel Michael Michalsky) vorsteht. Der Dressurdruck allerdings ist gleich geblieben. Wer sich vor dem strengen Finalgericht am Ende jeder Folge eine Runde weiterbibbern will, muss Leistung versprechen: »mehr zeigen«, »richtig Gas geben«, »200 Prozent«. Die gilt es auch dann abzurufen, wenn die Mädchen extrem dürftig bekleidet in einem Eistruck auf Frostblöcken posieren müssen, während Klum sie feixend mit einem kalten Wasserstrahler traktiert. Natürlich nur, damit die nackten Beinchen schön glitzern.

2015 versuchte sich RTL an einer etwas inklusiveren Variante der Äußerlichkeiten-Abfeierei: *Deutschlands schönste Frau* sollte unter dem Vorsitz von Guido Maria Kretschmer die Attraktivität jeder Frau zelebrieren, die sich nicht in willkürlich festgelegten Zentimeterumfängen zeigt, sondern durch ihre Geschichte, ihre Stärke, ihre Schwächen. Damit das auch der letzte, von überholter Schönheitspropaganda verblödete Zuschauer kapiert, holte man als Kandidatinnen besonders plakative Fälle: Eine siebenfache Mutter mit Naturfrisur, eine übergewichtige Meerjungfrau, eine misshandelte Frühgebärende, eine 65-Jährige mit Edding-umrandeten Augen, eine krankheitsbedingte Glatzenträgerin, eine Bodybuilderin, die mit einem Koffer voller Proteinbottiche anreiste. Allerdings: So sehr unterschied sich *DsF* dann doch nicht von *GNTM*. Was der Klum ihre »Meeedchen«, sind Kretschmer seine »süße Maus« und sein »armer Schatz«. Und um die Zuschauer bei Laune zu halten, die sich nicht so sehr für ganzheitliche Schönheit, sondern mehr für Busen interessieren, wird gleich in der ersten Folge ausgepackt. Weil man die äußeren Werte 65-jähriger Frauen dann aber offenbar lieber doch nicht sehen will, werden die Frauen in zwei Gruppen geteilt: Die unter Dreißigjährigen dürfen sich nackend am Strand von einer Profi-Fotografin shooten lassen, die Alten, also über Dreißigjährigen, müssen sich selbst stylen und dann selfieknipsend auf der Wiese herumrollen. Zum schlimmen Ende werden die Frauen in der »Halle der Entscheidung«, einem besseren Treppenhaus, zusammengetrieben – was beim *Bachelor* noch »Nacht der Rosen« hieß, geriet bei *Deutschlands schönste Frau* mehr zur »Nacht der Psychosen«. Und nächste Folge wird umgestylt – altbekannte Frisurenflennerei inklusive.

Ein weiteres Beispiel für die Selbstoptimierungs-Schablone sind die diversen Abnehm-Sendungen. Der Körper als Klotz, als wegzuhobelnde Störmasse – das ist beispielsweise das Prinzip der Abspeck-Voyeursparade *The Biggest Loser*: Übergewichtige Kandidaten leben in einem Lager zusammen und wetteifern um den größten Gewichtsverlust. Die erste Staffel wurde 2009 auf ProSieben ausgestrahlt, damals noch moderiert von Katarina Witt, die zweifellos mit dem nötigen Zuchtmeisterinnen-Appeal ausgestattet war. Noch weiter ging *Extrem schön! Endlich ein neues Leben* (RTL 2, ab 2009): Jede Folge begleitete eine Person bei mehreren Schönheitsoperationen – doch statt eines neuen Lebens verpasste man ihr lediglich einen neuen Busen oder eine neue Nase. Nach Drehschluss wurden die Ummodelierten mit ihren neu gestalteten Gliedmaßen und Fettpartien sich selbst überlassen, medizinische Betreuung der Kandidaten über die Drehzeit hinaus wurde laut Sender nur »bei langwierigen kieferorthopädischen Behandlungen« gewährt. Andere Schnippel-Formate im deutschen Fernsehen: *Alles ist möglich* (RTL), *Die Beauty Klinik* (RTL 2), *Letzte Hoffnung Skalpell* (RTL 2). So weit wie MTV ging man bis jetzt indes noch nicht: in *I want a famous face* wurden Allerweltsgesichter in Brad-Pitt-Visagen und Britney-Spears-Konterfeis umoperiert.

Die Laborstudie

Diese Formate funktionieren nach demselben Prinzip, als setze man eine hastig zusammengeklaubte Hamsterkolonie in einen gemeinsamen Käfig, von dem man ziemlich sicher weiß, dass er für die Menge an Tierchen zu klein sein dürfte. Man gibt ihnen nur spärlich und sehr sonderbares Futter und sinnlose Spielgeräte – und wartet dann mal ab, was passiert.

Für *Big Brother*, die Urform der Zusammensperr-Sendungen, steckte man erstmals 1999 in den Niederlanden Kandidaten in einen damals auch noch recht labormäßig eingerichteten, kamera- und mikrofonüberwachten »Container«. 2001 kam das Format nach Deutschland, inzwischen lief es bereits in fast 70 Ländern. Im Dezember 2015 endete die bislang zwölfte deutsche Staffel.

Auch wenn zwischenzeitlich spannungsökonomische Nachbesserungen an der Dramaturgie durchgeführt wurden – etwa durch die Aufteilung in »reiche« und »arme« Teams, die sich Komfort und Vergünstigungen in direkten Duellen erkämpfen müssen –, blieb doch ein bestechendes Hauptmerkmal über die Staffeln und Jahre gleich: *Big Brother* ist ein mächtig geschwungener Befreiungsschlag gegen das traditionelle Prominenz-durch-Leistung-Prinzip. Im Container ist es egal, woher man kommt, was man kann, ja: ob man überhaupt etwas kann. Zumindest in den frühen Staffeln, als die Aufmerksamkeit des TV-Publikums noch nicht schläfrig weggenickert war, reichte es schon für ein bisschen Ruhm, unter Kamerabeobachtung einfach *zu sein*.

Zumindest, solange man »echt« blieb dabei, wie es in den diversen Staffel-Titelsongs ad nauseam beschworen wurde: »Leb' / so wie du dich fühlst«, »Zeig mir dein Gesicht / zeig mir wer du wirklich bist / bleib dir treu verstell dich nicht für mich«, »Nur die Wahrheit zählt / für uns in dieser Welt / Deine Ehrlichkeit ist das, was mir gefällt«, »Alles oder nichts / zeig dein wahres Ich / alles ändert sich«. »Das Wunder geschieht / weil es dich gi-hibt«, behauptete die »3. Generation« in ihrem Titellied zur ersten deutschen Staffel. In Wahrheit führte dieser ontologische Minimalismus allerdings schnell zu dumpfem Gemeinschaftsschweigen auf der Sofagarnitur, weswegen der große Regiebruder allabendlich ein Gesprächs- und Diskussionsthema anordnen musste.

Das Format schien rechtschaffen auserzählt und längst nicht mehr relevant, als die insgesamt dritte Staffel *Promi Big Brother* 2015 noch einmal die potenziellen Stärken verdeutlichte, die ein klug zusammengestelltes Ensemble aus dem schlichten Grundsetting herausspielen kann.

Denn tatsächlich gelang dieser Auflage von *Promi Big Brother* etwas, wobei die *Ich bin ein Star – holt mich hier raus*-Ausgabe des gleichen Jahres noch auf ganzer Linie versagt hatte: Es erzählte Geschichten aus der Welt der Wundersamen. Alleine schon Nino de Angelo süffelte sich jeden Tag etwas tiefer in den Wahn, was in seinem epischen Abschnall-Monolog im Keller gipfelte: Nach kurzem Aufenthalt im »Reichen-Bereich« musste er in das karge Kellerabteil der »armen« Gruppe zurückkehren und entdeckte dort seinen zwischenzeitlich leicht lädierten Freund »Rudi«, eine mit Klopapier ausgestopfte Papiertüte, die er sich bei seinem vorherigen Aufenthalt im Keller als Figur zurechtgebastelt hatte: »Wer hat dich so zugerichtet? Wer war so herzlos und hat dich so zugerichtet? Wer? Du bist mein Freund, du weißt es, du hast mir so geholfen. Ich bin für dich da. Ich krieg dich wieder hin! Die Nase haben sie dir auch weggenommen. Wo sind deine Augenbrauen? Wer hat dich so zugerichtet? Rudi!«

Mit solchen denkwürdigen Szenen zeigte diese Staffel von *Promi Big Brother*, dass man sein Personal nicht zwingend in den Dschungel verschiffen muss, um ihm seine Geschichten zu entlocken. Man braucht nur ein Ensemble, das erzählen kann.

Mit *Das Sommerhaus der Stars* gelang RTL 2016 eine unerwartet gut dramaturgisierte Neuinterpretation des Prominentencamps. Aus ähnlichen Sendungen wohlbekannte Personen wie Thorsten Legat (*IBES*), René Weller (*Die Alm*), Hubert Kah (*Promi-BB*) und Angelina Heeger (*Der Bachelor*) zogen mit ihren Lebenspartnern in besagtes Sommerhaus in Portugal, wo sie um den Titel des besten Paares wetteiferten.

Fast schon elegant umkurvten die vier Folgen das Hauptproblem dieser Formatschablone: dass fast zwangsläufig Fadheit und Gähnen einziehen, wenn der Hauptgimpel und damit der zentrale, verlässlich brummende Trottelgenerator das Haus verlassen hat. Nicht so im Sommerhaus, oder, um es mit Thorsten Legat zu sagen: »Die Leute denken bestimmt, die Legats, das sind doch eh Deppen. Aber dann sehen sie: Da sind ja noch mehr Deppen!« Eine köstliche Nummernrevue des Simpelwesens.

Schon in den Nullerjahren versuchte sich ProSieben an ähnlich konstruierten Sendungen in vage historischem Setting:

2004 wurden in *Die Alm* zwölf Prominente, darunter Reality-Dauerschrullen wie Kader Loth und Daniel Lopez, weiterhin Has-beens wie René Weller und Gunter Gabriel (die später noch im *Sommerhaus der Stars* beziehungsweise im Dschungelcamp erneut im Trash-Sektor reüssieren sollten), in einem abgeschiedenen Südtiroler Gehöft einquartiert, wo sie landwirtschaftliche Aufgaben meistern und zumeist fäkalzentrierte Ekelprüfungen bestehen mussten – etwa einen mit Kot gefüllten Darm ausblasen oder ein Bad in einer Jauchewanne nehmen.

Im Jahr darauf folgte *Die Burg*, bei der das Alm-Setting kurzerhand ins Mittelalter verpflanzt und der Krawallregler noch weiter hochgedreht wurde. Das zähe Geschehen gipfelte in einem Eklat: Frédéric Prinz von Anhalt und Ex-Boyband-Knutscher Karim Maataoui pinkelten gemeinschaftlich in den Badezuber der auch hier teilnehmenden Kader Loth. Nachdem ProSieben diese Szene allen Teilnehmern als Video vorspielte, kam es zu einer Essensschlacht, bei der sich Loth und von Anhalt leichte Verletzungen zuzogen. Der Prinz musste schließlich die Show verlassen.

2013 entdeckten die TV-Sender dann die afrikanische Wüste als ideales Promi-Biotop: *Wild Girls – auf High Heels durch Afrika* (RTL) und *Reality-Queens auf Safari* (ProSieben) schickten jeweils zwölf Krawalletten in Hackenschuhen nach Namibia respektive Tansania. Man kann diese Formate als Trash in zweiter Ableitung bezeichnen, da sich ihr Personal fast völlig aus vorangegangenen Sendungen wie *Der Bachelor*, GNTM, *Big Brother* oder *Popstars* speiste – ein bereits faulig gärender Eintopf aus immer wieder aufgewärmten Casting- und Realityshow-Resten.

Was würde Andy Warhol dazu sagen? Er würde höflich auf ein Missverständnis hinweisen: Seinerzeit hatte er orakelt, in der Zukunft würde jeder Mensch 15 Minuten lang berühmt sein – nicht 15 Castingshows lang.

Ein schöneres Mahnmal für die extrem schwache Währung der Reality-Scheinprominenz lieferte nur noch die britische Ausgabe von *Celebrity Big Brother*: Das Produktionsteam hatte eine völlig unbekannte Normalo-Kandidatin eingeschleust, die sich weisungsgemäß bei den echten Promis als Mitglied einer (erfundenen) Girlgroup mit mehreren (ebenfalls erfundenen) Nummer-eins-Hits ausgab – und damit durchkam.

Während sich die TeilnehmerInnen von Wüstenshows und Almgaudi nicht wirklich im Überlebenskampf befanden, gibt es auch Laborstudien-Formate für nicht-prominente Teilnehmer, die vor allem auf diesen Robinson-Kitzel abzielen – obwohl die Illusion, die »Gestrandeten« müssten ihr Wohlergehen tatsächlich selbst organisieren und erstreiten, angesichts der dauerpräsenten Kameras schwer aufrechtzuerhalten ist. *Wild Island* löste 2015 diesen dramaturgischen Schönheitsfehler, indem die Produktion das Teilnehmerfeld bewusst mit einigen Kameraleuten versah, die ganz normal als Kandidaten an der Sendung teilnahmen und nebenbei auch noch den Alltag auf der Insel filmten. Trotzdem war der Gewinn an Reality-Feeling durch diesen Kniff überschaubar: Dass in *Wild Island* ausgerechnet ein Arzt die Anführerrolle unter den Gestrandeten übernahm, gemahnte schwer an die Schmonz-Mystery-Inselserie *Lost*. Überhaupt erinnerte einen dauernd irgendetwas an ein schon bekanntes Insel-TV-Format, denn die Idee des »Gestrandetseins auf einer einsamen Insel« fasziniert eben nicht nur denkfaule Interviewer (die dann nach den drei einpackwürdigen Gegenständen fragen), sondern lange schon auch Fernsehmacher.

Wild Island ordnete sich also ein in ein schon dichtbesiedeltes Verlassene-Insel-Zeichensystem: Weniger inszeniert als *Expedition Robinson*, gruppendynamisch harmloser als *Survivor* (die Urform aller Insel-als-Menschenlabor-Formate), angezogener als *Adam sucht Eva – Gestrandet im Paradies*, ungeiler und glanznasiger als das Destiny's-Child-Video zu ihrem Lied »Survivor«. Oder einfach, wie es einer der Kandidaten formulierte: »Zieh dir das rein, das ist wie Dschungelbuch!«

Wild Island floppte, so wie vor ihm viele andere Laborstudien-Formate. Etwa *Girlscamp* aus dem Jahr 2001, mit dem Sat.1 an den Erfolg der damals ersten Staffel des Container-Quotenhits *Big Brother* anknüpfen wollte. Zehn junge Frauen wurden also acht Wochen in einer Luxusvilla am Meer eingesperrt und rund um die Uhr von Kameras beobachtet – ein bizarr ereignisloser und unterhaltungsmagerer Abklatsch. 2015 wollte es Sat.1 noch einmal wissen: *Newtopia* sollte »das größte TV-Experiment aller Zeiten« werden, in den Wäldern Brandenburgs sollten sich 15 Menschen ein völlig neues Leben aufbauen – mit zwei Kühen, 25 Hühnern und einer unbeheizten Scheune. Nach einigen Pannen, freiwilligen Auszügen und einer überfressenen Kuh, die in der Klauentierklinik behandelt werden musste, zeichneten dann die Kameras des Live-Streams auf, wie eine Mitarbeiterin der Produktionsfirma mit den Bewohnern in der Scheune über den Verlauf des TV-Projekts sprach und ihnen Regieanweisungen gab. Von diesem Glaubwürdigkeitsverlust erholte sich das Format nicht mehr, es wurde vorzeitig abgesetzt.

Eng verwandt mit Selbstoptimierungs-Formaten wie *GNTM* sind die klassischen Casting- und Wettbewerbsformate wie *Deutschland sucht den Superstar* (*DSDS*) und *Popstars*, jene Sendungen also, in denen das Privatleben der Kandidaten mindestens ebenso ausführlich rapportiert und ausgeleuchtet wird wie ihr Gesangstalent.

Als Teil des weltweiten *Pop Idol*-Franchises lief die erste deutsche Staffel von *Deutschland sucht den Superstar* ab Herbst 2002 bei RTL. Der Zuschauer verfolgte dabei den Weg der hoffnungsfrohen Vorsängerinnen und Vorsänger vom ersten Casting über diverse weitere Qualifikationsrunden (»Recalls«) bis in die Top-30-Sendung, in der die Zuschauer schließlich via Telefonvoting über das Personal für das eigentliche Herzstück der Sendung, die wöchentlichen Mottoshows mit wechselnden zu bewältigenden Musikstilen, entschieden. Allerdings wandelte sich diese klassische »Ein Star wird geboren und wir halten den Bottich mit dem heißen Wasser«-Dramaturgie im Laufe der bis Ende 2016 ausgestrahlten 13 Staffeln. Der Fokus verschob sich vom ursprünglichen »Wer ist der/die Beste?« immer weiter in Richtung »Wer erzählt die beste Geschichte?« – oder, noch besser: »Wer lässt uns die beste Geschichte erzählen?« Immer stärker wurde der Soap-Charakter der zwischenkandidatlichen Vorkommnisse und/oder ihrer tragischen Herkunfts- und Familienstorys betont.

Die goldene Zeit der Musikcastingformate schien endgültig zu Ende, als zur 12. Staffel die großen Mottoshows am Samstagabend abgeschafft wurden – mutmaßlich wegen der stetig sinkenden Einschaltquoten, die entsprechende Einbußen bei den Telefonvoting-Einnahmen nach sich gezogen haben dürf-

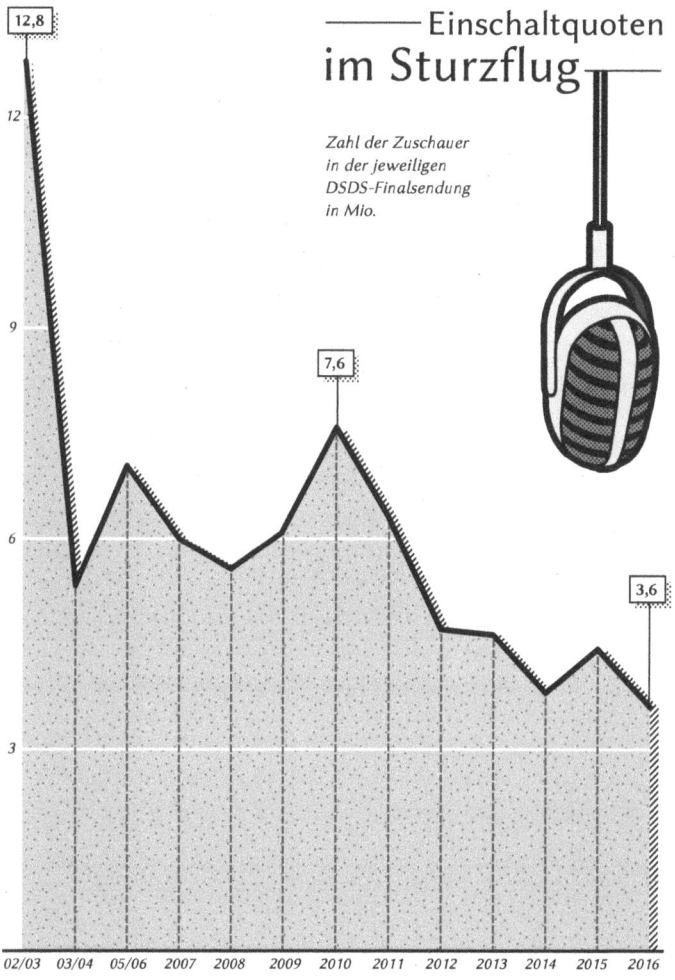

Einschaltquoten
im Sturzflug

Zahl der Zuschauer
in der jeweiligen
DSDS-Finalsendung
in Mio.

12,8

7,6

3,6

12

9

6

3

02/03 03/04 05/06 2007 2008 2009 2010 2011 2012 2013 2014 2015 2016

ten. Statt der traditionellen, ausführlichen Wettknödeleien wird nun mit einem speziellen *DSDS*-Bus jede Woche eine andere Event-Location angefahren. Oder besser: angefahren worden sein, denn anders als bisher sind die Entscheidungsshows (die gleichzeitig von zehn auf vier Sendungen gestutzt wurden) vor Publikum aufgezeichnet, nur die Finalsendung ist live. Das hat den bizarren Effekt, dass man sich zu Hause in stockfinsterer 22.30-Uhr-Nacht die taghellen Gesangsauftritte im, zum Beispiel, grellsonnigen Ischgl anschauen muss. Allein dieses Fehlkonzept baut so viel Distanz und damit Raum für Fremdscham auf, dass einem die bisherigen Mottoshows rückblickend wie glamouröse Galavorstellungen vorkommen.

Anrufen und abstimmen soll der Zuschauer aber trotzdem in Echtzeit, weswegen nach den Auftritten, kurz vor Mitternacht, zur Entscheidungsverkündung noch einmal live nach »Ischgl« geschaltet wird: Zwar haben alle Beteiligten dieselben Klamotten an wie während ihres Auftritts vor ein paar Minuten (also Tagen), doch insgesamt wirkt die ganze peinliche Inszenierung eher so, als warte eine Abschlussklasse mit Neigung zur Papageienkleidung hier auf den Nachtbus nach Lloret de Mar. Unklar, auf welchem verlassenen Parkplatz, in welchem nächtlichen Industriegebiet (oder doch vor dem Kölner Coloneum?) Kandidaten, Moderator, Kandidatenklatschfamilien und natürlich der Bus »direkt aus Ischgl« da im Livepart der Show herumstehen.

Das bröckelnde Trash-Urgestein *DSDS* ist ein wankendes Monument veränderter Mediennutzung. Es ist sehr wahrscheinlich kein Zufall, dass der Niedergang dieses Formats parallel zum Aufstieg eines Mediums verlief, das formal zwar völlig anders gestaltet ist, doch möglicherweise ganz ähnliche Bedürfnisse der anrufwilligsten *DSDS*-Zielgruppe stillen kann – der jüngsten Jahrgänge der begehrten Zuschauergruppe von 14–40 Jahren nämlich. YouTube killed the TV-Star? Zumindest kann man sicher sagen, dass die wertvolle Ressource Teeniefantum deutlich verknappt wurde, seit das klassische Fernsehen sich jugendliche Begeisterungsfähigkeit mit den großen und kleinen Youtubern teilen muss. Und das dazugehörige Taschengeld, das nun vielleicht schon in den neuesten, pfirsichpappigsüßen Duschschaum der geliebten Youtuberin Bibi geflossen ist und darum nicht mehr in die Abstimmungsanrufe zugunsten des ultrasüßen *DSDS*-Boys mit gleichermaßen schiefem Träumerlepony wie schiefem Stimmchen investiert werden kann.

Womöglich wollen sich die jungen Zuschauer nicht mehr alle paar Monate an neue TV-Gesichter gewöhnen, weil diese Schwärmeplätze im Herzen eben längst von mindestens ebenso süßen Youtube-Jungchen und -Mädchen eingenommen wurden. Die zudem nicht nur einmal pro Woche in einem kleinen Sendungs-Zeitfenster, und das auch nur ein paar Monate lang, verfügbar sind, sondern gefühlt rund um die Uhr, ganz selbstverständlich als Teil des Alltags.

Die Sehgewohnheiten der jungen Zielgruppe haben sich aufs Netz verlagert, wo eine neue Art von Trash entsteht, mit speziellen Videoarten, die längst zu Formaten geworden sind: Challenges etwa (bei denen sich die meist zwei Teilnehmer beispielsweise aus Schweinesülze, Aprikosenmarmelade, Wurstwasser und ähnlichen Zutaten grauenerregende Smoothies zubereiten, die dann vor der Kamera getrunken werden müssen), Daily Vlogs (bei denen mitunter noch stumpfere Alltagstristesse aus Nagelstudio, Starbucks-Besuchen und gekünstelten Freundschaftstreffen gezeigt wird als in den fadesten gescripteten Reality-Soaps – was den Verdacht nahelegt, dass es sich bei diesen Vlogs tatsächlich um diese ominöse Wirklichkeit handelt), Hauls (also Einkaufvideos, die nur darin bestehen, den Inhalt einer Drogerie-Einkaufstüte oder einer Kleidungsbestellung vorzuzeigen) und Pranks (klassische Versteckte-Kamera-Streiche, allerdings deutlich derber als Kurt Felix' unschuldige Anschmierereien). Interessanterweise alles Formate, zu denen es im TV keine Entsprechung gibt.

Eine Besonderheit der Leistungsschau, die sie mit Selbstoptimierungssendungen gemein hat: Sie verheißt ihren Zuschauern die Chance auf eine Katzenklappe, auf ein Schlupfloch, durch das sie die Seiten wechseln und vom Konsumenten zum Protagonisten werden können. Formate wie DSDS und GNTM existieren lange genug, um die kindlichen Fans der ersten Stunde inzwischen selbst als Kandidaten begrüßen zu können. Wie im Kinofilm, bei dem ein Kind in seinen Kleiderschrank klettert und durch eine geheime Tür ein Abenteuerland betritt (»der Eintritt kostet den Verstand«, warnte seinerzeit schon Hartmut Engler). Auch du kannst es schaffen, vielleicht schlummert auch in dir ein zerknitterter Star-Keimling, den das rechte Umfeld zum Erblühen bringt, lautet das Versprechen dieser Formate. Die Maschine dahinter braucht schließlich ständig Futter.

Die Scherbenreise

Ach so, auf Mallorca gibt es schon andere Restaurants? Wie, das Finanzamt will Geld von mir? Seit zehn Jahren werden die Protagonisten von *Goodbye Deutschland! Die Auswanderer* nun schon von den immergleichen, tatsächlich gar nicht so irre überraschenden Problematiken überrumpelt. Sie alle wollen raus aus Deutschland, im Ausland ein neues Leben beginnen, und zwar in den meisten Fällen mit schmalstem Gepäck – ohne Businessplan, Marktanalyse, Finanzpolster, Plan B oder C oder zumindest rudimentäre Kenntnisse der neuen Sprache. Sicher gibt es hier zwischendurch auch mal umsichtige, realistische Planer, aber das Kapital des Formats besteht aus jenen grundnaiven Knallchargen, die ausziehen, um an fremden Gestaden ihre Zwiebelbuden oder Fingernagelfräsereien mit derselben kalbsäugigen Professionalität zu betreiben wie extrem Minderjährige ihre Kinderpost oder ihren Kaufmannsladen.

Warum sich ausreichend Menschen dieses Dilettieren so regelmäßig anschauen, dass die Einschaltquoten *Goodbye Deutschland* schon durch mehr als zehn Jahre tragen? Der Ursprungsreiz ist vermutlich simpel: Natürlich lieben wir Abenteurer. Vermutlich ist das ein emotionaler Kniesehnenreflex, gegen den man sich nicht wehren kann. Wir halten zu den Hasardeuren, drücken den Underdogs die Daumen, die gegen jede Wahrscheinlichkeit auch mal zu den Gewinnern zählen möchten. Und während sie sich rüsten, vielleicht ja tatsächlich die Welt zu erobern, denken wir uns vielleicht selbst kurz an ihre Stelle. Es ist das Ich-war-noch-niemals-in-New-York-Syndrom, das große Was-wäre-wenn. Und wenn man es schon selbst nicht wagt, alles über den Haufen zu werfen und neu anzufangen, dann schaut man zumindest gerne dabei zu.

Goodbye Deutschland setzt diesen zuerst einmal durchaus positiven Reflex allerdings planmäßig außer Kraft: Man kommt gar nicht dazu, mit den in gleichem Maße hoffnungsvollen wie ahnungslosen Kofferpackern mitzufiebern – weil man beim Zusehen vor lauter Kopfschütteln schon nach 15 Minuten beachtliches Hirnsausen hat. Denn wahrscheinliches Scheitern ist das solide Misserfolgserfolgsrezept des Formats.

Seit 2006 hat der Sender 350 Auswanderer bei ihrem Neustart begleitet. Im kollektiven Gedächtnis des Fans sind dabei vor allem die Gestrauchelten geblieben, die einem selbst nur den Wagemut vorauszuhaben scheinen. Nur ein kurzes Bestaunen der Zustände in »Krümels Stadl« auf Mallorca etwa verschafft einem auf dem Sofa auch bei eigenen überschaubaren Wirtschaftskenntnissen sogleich die Illusion, man selbst sei im Vergleich ein ausgewiesenes Business- und Gastrogenie. Auch Gastro-Kollege Sascha hat mit gänzlich unvorhersehbaren Schikanen zu kämpfen: »Du denkst, du hast ein bisschen was verdient, und dann kommt das Finanzamt.«

Natürlich werden beim Reinschauen in diese Leben billigste Reflexe bedient: Wenn man den Auswanderern in der neuen Heimat beim – in den meisten Fällen – völlig absehbaren Schlingern, Straucheln und Scheitern zusieht, fühlen sich das eigene Den-Hintern-nicht-Hochkriegen, die eigenen vertanen Möglichkeiten und nicht gewagten Risiken – das Leben im Konjunktiv also – als richtiges, sicheres, wohliges Daseinskonzept an.

Sicher, es gibt auch den ewig belatzhosten Konny Reimann und Daniela Katzenberger, die hausgemachten Prominenten, die »es« – oder zumindest irgendwas – tatsächlich geschafft haben (und nun als willfährige Büttel in den bizarrsten weiteren Trashformaten der Senderfamilie einsetzbar sind – persönlicher Tiefpunkt des durchaus gebeutelten Reimann dürfte dessen Mitwirken beim *Großen RTL2-Promikegeln* gewesen sein). Der Verdacht liegt allerdings nahe: Mit dem Fokus auf positiven Geschichten wie diesen wäre die Sendung sicher keine zehn Jahre alt geworden.

Goodbye Deutschland ist eine Schaubühne für Gimpel. Für Heinis, die nach Brasilien auswandern, weil man da am Strand

so geil mit dem Buggy herumfahren kann. Die kitschige Kuss-
münder auf billige Hemdchen drucken lassen und das »Kollek-
tion« nennen. Hier ist Scheitern noch schäbig, ruinös – ein sat-
tes Debakel. Nicht irgendwie start-uppig hip, wie es einem seit
einiger Zeit »Fail Nights« und »Fuckup Nights« und andere
fidele Bekennerveranstaltungen in London, Berlin, München
weismachen wollen. Dort berichten Unternehmer schmun-
zelnd davon, wie sie sich mal tüchtig verkalkuliert oder auch
zeitweilig ruiniert haben. Die besten Geschichten bei *Goodbye
Deutschland* aber haben kein Happy End, dafür inzwischen einen eigenen Soundtrack, geschrieben von Sendungs-Alumnus
Jens Büchner, besser bekannt als Mallorca-Jenser. Nach ausgie-
bigen Straucheleien hat er mit »Pleite aber sexy« zumindest
das hervorragend funktionierende Format kongenial vertont –
der Refrain: »Geld weg, Frau weg, Laden weg! Schalalala, alles
weg! Ich bin pleite, aber sexy!«

Die Kampfshow

Zuletzt ist dieses simple Konzept leider ein bisschen in Ver-
gessenheit geraten: Das klassische *Promiboxen* wurde drei Mal
von RTL (2002–2004), zwei Mal von ProSieben (2012 und
2014) und einmal von Sat.1 (2013) ausgerichtet. Leider wurde
stets vernachlässigt, was Rocky und Ivan Drago seinerzeit
selbst mäßig interessierten Gelegenheitsboxzuschauern lehr-
ten: Ein Boxkampf ist immer auch ein Kampf der Charaktere,
Prinzipien, Welten. Schwollauge gegen Scheißfrisur, Under-
dog gegen Prahlhahn, Gut gegen Böse.

Sämtliche Sender ließen dieses einfache, effektive Prinzip
bei der Verpaarung ihrer boxenden Promis großteils außer

Acht und verfeinerten diese klaren Distinktionen zur Unkenntlichkeit. Also hieß es: Großer Busen haut etwas größeren Busen, schleimiger Typ den etwas weniger schleimigen Typen. Wie sollte man sich als Zuschauer mit einem vernünftigen Maß an Empathie eindeutig auf eine Seite schlagen, wenn Dschungelkönigin Melanie Müller auf Yoga-Model Jordan Carver und Glatzen-»Bachelor« auf Versandkatalogunterhosenmodel-»Bachelor« einprügelte? Hauptsache also, irgendeiner wird herzhaft vermöbelt, wer von beiden, ist eigentlich egal.

Eine Sonderform des direkten Promikampfes sendete RTL 2013, nachdem Boris Becker und Oliver Pocher einander zuvor durch spektakulär pubertären, über Twitter ausgetragenen Kleinstkrieg beharkt hatten. In einer Sondersendung von Pochers Show *Alle auf den Kleinen* kämpften nun beide gegeneinander und für ihre Ehre, paradoxerweise natürlich in denkbar entwürdigenden Spielrunden. Die satten drei Stunden Fernsehen verdichteten sich allerdings in einem einzigen bleibenden Bild: Boris Becker, zur Karikatur seiner selbst entstellt, wie er eine Art Turban mit pinkfarbenen Fliegenklatschen-Schlappohren daran trägt, eine bizarre Mischung aus Petr-Cech-Kopfschutz, Minnie-Maus-Schleifenputz und properem Backenhörnchen. Die Botschaft hinter diesem bizarren Bild war klar: Egal, ob gelbhaarige Kosmetikerin aus der Pfalz oder ehemals nationenweit gefeierter Sportgigant – vor einem Bad im Trash-Tümpel ist niemand jemals gefeit.

Dies ist die Kategorie, von der das inzwischen vorrangig als »Trash-Fernsehen« gelabelte Genre ehedem seinen Namen erbte: »Reality-TV« sollte Sendungen bezeichnen, die sich statt aus fiktionalen Inhalten alleine aus dem echten Leben speisen. Da sich diese sogenannte Wirklichkeit aber schon allein durch die Anwesenheit einer Kamera verändert, setzt sich dieses Genre aus einem schillernden Spektrum aller denkbaren Realitäts- beziehungsweise Inszeniertheitsgrade zusammen. Denkt man diese Bandbreite in Personen, stünde am einen Ende die Kölner Arbeiterfamilie Fussbroich, am anderen die *Real Housewives of Beverly Hills*: Haben sich die einen trotz 12 Jahren Kameraerfahrung noch ein gewisse unverstellte Natürlichkeit erhalten, präsentieren die anderen ausgefeiltere und besser ausgeleuchtete Charakterzüge als die meisten Serienfiguren.

Mit den Fussbroichs begann das Dokusoap-Wesen im deutschen Fernsehen. Der WDR begleitete Fred, den Vorarbeiter mit Mini-Pli-Pudelfrisur, Annemie, die Gattin mit Glitzerneigung, und Frank, den gehätschelten Bodybuilder-Sohn, von 1989 bis 2001. Die ersten Kamerakontakte der Familie liegen allerdings noch weiter zurück: 1979 suchte WDR-Regisseurin Ute Diehl für einen Dokumentarfilm über das stetig wachsende Spielwarenarsenal der damaligen Kinder in Kölner Gesamtschulen nach einer typisch deutschen Arbeiterfamilie. Sie fand die Fussbroichs und zeigte das Reich des damals 11-jährigen Sohnes Frank in der am 19. August 1979 ausgestrahlten Sendung *Ein Kinderzimmer*. 1989 drehte die Autorin dann einen 85-minütigen Dokumentarfilm über die Familie, dem schließlich die 100-teilige Serie folgte. Zuletzt produzierte die Familie gemeinsam mit Schwiegertochter Elke selbst DVDs über ihren Alltag.

Ein ähnlicher Zufallsfund gelang dem SWR 2002, als der Sender eine Dokumentation über das 700-jährige Dorfjubiläum der Westerwaldgemeinde Dernbach drehte. Der Bürgermeister machte das Filmteam auf die schwer verkauzte Familie Ludolf aufmerksam, bestehend aus der damals noch lebenden Mutter Marianne sowie den Brüdern Uwe, Horst-Günter, Peter und Manfred, genannt Manni. Später folgte die zweiteilige Dokumentation *Schrott-Brüder – Die Autoverwerter aus dem Westerwald*.

Etwa drei Millionen Autoteile haben die Ludolf-Brüder in über 30 Jahren zusammengetragen und in ihrer Lagerhalle nach einem bizarren »Haufenprinzip« aufgetürmt: Verlangt ein Kunde nach einem bestimmten Ersatzteil, werden die Schrottberge von Peter (zumindest in Hausschlappen) schnaufend erklommen, sein mysteriös fotografisches Gedächtnis scheint jede Achsaufhängung und jeden Wischermotor binnen Minuten auch aus tiefsten Schuttschluchten bergen zu können. Seine Brüder sind nicht minder skurril, Manni etwa hat für sich eine besondere Art der Konfliktbewältigung entwickelt: Er besitzt vier schulkindgroße Gartenzwerge, die er auf die Namen Günter, Peter, Uwe und Manfred getauft hat und die er bei brüderlichen Streitigkeiten stellvertretend für ihre Namensvettern ausgiebig beschimpft.

Durch die SWR-Doku wurden mehrere Privatsender, darunter Kabel 1 und RTL 2, auf die Ludolfs aufmerksam und produzierten für diverse Magazinsendungen weitere Beiträge über die Brüder. Ab 2006 widmete der Spartensender DMAX ihnen eine eigene Serie, die derart großen Anklang fand, dass an den Neujahrstagen 2008 bis 2010 24-stündige Ludolf-Marathons gesendet wurden. Gelegentlich traten in der bis 2011 produzierten Serie auch prominente Kunden auf, etwa in der Episode »Daddy Cool«, in der die Rapper Bushido und Kay One auf der Suche nach einem Ersatzteil für einen Ford Fiesta sind. *Die Ludolfs – 4 Brüder auf'm Schrottplatz* sind in einer synchronisierten Fassung auch in Russland zu sehen, ein Kinofilm wurde gedreht, und 2012 fanden die drei Brüder (Horst-Günter starb 2011) beim Sender Sport1 mit SEK *Ludolf – Das Schrott-Einsatz-Kommando* eine neue Heimat.

Die Ludolfs traten in diversen TV-Formaten wie etwa Stefan Raabs Wok-WM auf, Manfred nahm 2011 bei der Pro-Sieben-Realityshow *Die Alm* teil und gewann. Für einige Ludolf-Fans roch all das nach Kommerzialisierung und Sell-out, spätestens, als die Brüder schließlich noch zusammen mit *Big Brother*- und Ballermann-Grinser Jürgen Milski eine Single beträllerten: »Du bist Super Plus / das absolute Muss / der Star auf jeder Party / du bist ein Maserati.« Es folgte die Single *Pack nicht an den Krümmer* sowie ein Album, auf dem die Ludolfs Lieder von »Da da da« über »Der Nippel« bis »Hoch auf dem gelben Wagen« coverten.

Wen dieser Grad der Vermerchandisung schon grämt, der dürfte bei einem Blick auf US-amerikanische Reality-TV-Verhältnisse in reine Raserei verfallen. Eines der plakativsten Beispiele für die Verzahnung von Fernsehproduktion und kommerzieller Rundum-Ausschlachtung ist das *Real Housewives*-Franchise von Bravo TV, das nur vordergründig eine Reality-Soap über das Leben finanzstarker und nervenschwacher Ehefrauen (inspiriert von der fiktiven Serie *Desperate Housewives*), tatsächlich aber Launch- und Promotionplattform für extrem ausgebuffte Unternehmerinnen ist. Die erste Folge der Ursprungsversion, *The Real Housewives of Orange*

County, wurde im März 2006 gesendet und war derart erfolgreich, dass in den nächsten fünf Jahren Spin-offs dazukamen, die in New York City, Atlanta, New Jersey, Washington D. C., Beverly Hills und Miami spielen. 2016 expandierten die Housewives nach Potomac und Dallas, außerdem kamen internationale Ableger von Athen bis Auckland hinzu.

Jede Fehde mit den besten Feindinnen-Freundinnen, jeder tränenreiche Nervenzusammenbruch und Wutanfall zahlt auf das öffentlichkeitswirksame Drama-Konto ihrer Verursacherin ein, unverhohlene Product Placements bewerben in den Soap-Folgen die ganz real erwerbbaren Produkte der Hausfrauen. Zu den erfolgreichsten unter ihnen zählt Bethenny Frankel, die ihre Marke »SkinnyGirl« schließlich für 100 Millionen Dollar verkaufen konnte. Frankel war, so die Storyline, auf der Suche nach ihrem eigenen Signature-Getränk, das die geschmacklichen Vorzüge zuckriger Erdbeermargaritas mit den kalorienbewussten Vorteilen eines Wodkas auf Eis vereinte. Also kreierte sie ihre eigene, kalorienarme Margarita-Mixtur, die sie unter dem Markennamen »SkinnyGirl« vertrieb. Inzwischen gibt es fast keinen Produktzweig, der nicht von einem Housewife besetzt wird: Die Serienfrauen verkaufen Handtaschen, betreiben Restaurants, designen Modelinien, verhökern Sexspielzeug, Fitness-DVDs, Haarpflege, Kaffee mit Himbeergeschmack, Energiepulver und Schlankmogelhosen.

Der grundlegende Reiz beim Verfolgen einer Familien- oder eng gesteckten Soziotop-Reality-Soap besteht sicher in der besonderer Zugänglichkeit: Wie auf einem Schuhlöffel kann der Zuschauer in die jeweiligen Milieus rutschen und sich selbst dazu ins Verhältnis setzen. Familien-Formate bieten dabei das ultimative Identifikationspotenzial: Jeder hat oder hatte eine Familie, kann die Binnen-Beziehungen der

TV-Familienmitglieder mit den eigenen Erfahrungen abgleichen.

Auch ohne sich explizit aufeinander zu beziehen, reagieren die verschiedenen TV-Familien dabei implizit aufeinander, weil sie ein System bilden: Sie entrollen vor dem geschulten Zuschauer ein Statusgeflecht, in das er sich selbst einordnen kann: Ähneln die Weihnachtsbräuche meiner Familie eher denen der Fussbroichs oder doch denen der neureichen Geissens? Meine Schwägerin hat ihren Kindern echt komische Namen gegeben – aber wirken sie verglichen mit den Namen der Wollny-Kinder (Sylvana, Sarafina, Jeremy-Pascal, Sarah-Jane, Lavinia, Calantha, Estefania und Loredana) eigentlich nicht ganz patent?

Wie sehr die gezeigten Dinge in diesen Sendungen, die ja vorgeblich uninszenierten Alltag abbilden möchten, nun tatsächlich einer wie auch immer gefassten »Reality« entsprechen – wer könnte sich anmaßen, tatsächlich beurteilen zu können, was im Leben, Denken, Fühlen fremder Menschen »wirklich« ist? –, bleibt der ewige Diskurspunkt. Zumindest werden die meisten Formate aus dieser Kategorie ihrem »Reality«-Anspruch so weit gerecht, dass es sich bei ihren Protagonisten um (wenigstens zu Beginn der Dreharbeiten) »normale«, also »unprominente« Menschen handelt (den Sonderfall der Promis, die sich in Reality-Formaten verdingen, hier bewusst ausgeklammert). Natürlich wirkt wachsende Bekanntheit, gewonnene Routine vor der Kamera, ein erwachendes Selbstbewusstsein als »Darsteller« dann auf die fortschreitende Handlung ein, egal ob gewollt oder ungewollt, bewusst oder unbewusst.

Ganz anders liegt der Fall bei Reality-Soaps, die von Anfang an auf gescripteten Handlungsbögen und geschnitzten Charakteren basieren und ihren leicht ungelenk-linkischen, damit im besten Fall »realistischen« Appeal durch ungeübte Laiendarsteller gewinnen. Eines der ersten deutschen Formate, das allen offensichtlichen Hanebüchheiten zum Trotz stets darauf beharrte, drehbuchfrei die Realität abzubilden, war *Die Abschlussklasse*, erstmals 2003 ausgestrahlt. Die vermeintlichen Spätpennäler Tereza, Spike, Franzi, Nadya, Kevin, Franky, Olivia und natürlich Dauerrollkragen-Klemmknabe Walter leisteten echte Reality-Soap-Pionierarbeit, weil sie stets umständliche Erklärungsversuche unternahmen, um plausibel zu machen, warum ausgerechnet in dieser brenzligen Situation oder bei jenem intimen Gespräch jemand eine (damals noch durchaus sperrige) Kamera dabeihat und diese auch noch zufällig läuft.

Die Sendung sollte das reale Leben von Abiturienten darstellen und war anfangs via Kurzepisoden in die ProSieben-Talkshow *Arabella* integriert, die ebenfalls hartnäckig als authentisch ausgegeben wurde. Mit den Charakteren aus *Die Abschlussklasse* konnte man später in den Nachfolgeformaten *Freunde – Das Leben beginnt* und *Freunde – Das Leben geht weiter* auf Tuchfühlung bleiben.

Seit 2011 läuft auf RTL 2 *Berlin – Tag und Nacht*, seit 2013 gibt es den Spin-off *Köln 50667*, die beide das Leben junger Menschen in der Großstadt abbilden wollen und dabei grundsätzlich dieselben stilistischen Eigenheiten und überdeutlich-gewollten Realitätsmarker zeigen, die man schon bei der Abschlussklasse bewundern konnte: absichtlich wackelige Handkameraführung, grob zurechtgehackte Drehbücher, Stammeldialoge, zwischengeschnittene Kommentare und Interviews mit den Figuren, in denen sie das Geschehen kommentieren. Neu im Vergleich zu älteren Formaten: Die Figuren wenden sich auf der Facebook-Seite der Serie direkt an die Zuschauer und kommunizieren mit ihnen: »Wie kann Joe nur die WG auflösen?! Was geht hier eigentlich ab ...???«, fragt Alina mit Augen-aufreiße-Smiley, »Alter ... Wie sind wir auf dieses Schiff gekommen?!«, rätselt Krätze, »Elifs Brüder können kommen ... im Ölringen mach' ich die platt!«, bescheidet Schmidti, und die Zuschauer steigen unter den Postings mehr oder minder verständnisvoll in die direkte Kommunikation mit ihnen ein: »du volltrottel elifs brüder werden dich platt machen und dich zerdrücken wie eine ameise hhhahahaha-haha!«

Meist geposteter, gebetsmühlenartig wiederholter Kommentar unwilliger Reality-Antis allerdings: »Das ist eine Serie, wann kapiert ihr das endlich?«

Neben den Family&Friends-Reality-Soaps machen Milieu- und Situationsstudien den größten Anteil der Pseudo-Dokus aus: Formate wie *Babystation*, *Ab ins Beet* und natürlich das seit 2003 unermüdlich und heiter im Trashgüllebecken planschende Erfolgsformat *Frauentausch*, das genüsslich die Wechselwirrungen ausbreitet, die auftreten, wenn zwei Familien für eine gewisse Zeit ihre jeweiligen Mütter füreinander einwechseln. Die gemeinsame Herausforderung dieser Sendungen: Während die Produktionsfirmen in den Anfangstagen komplett mit Profi-Laien zusammenarbeiteten, also mit TV-Anfängern, die für alle möglichen Sujets und Storys ihr Gesicht vermieteten und am besten sie selbst sein konnten, sind derlei unverbrauchte, mit den Gepflogenheiten der Branche unvertraute Menschen kaum mehr zu finden. An ihre Stelle traten vielfach die Laien-Profis, Gelegenheits-Schauspieler also, die vermeintlich »echte« Charaktere verkörpern sollen. Zurückdrehen lässt sich diese Entwicklung nicht mehr: Was

TV-tauglichen Realismus angeht, hat die erfundene Wirklichkeit das tatsächliche Leben längst abgehängt.

Während es in den Anfangszeiten des Reality-TVs wichtigstes, einendes Merkmal dieser Sendungen war, dass darin vermeintlich direkt aus ihren Leben gezerrte Menschen auftraten, gibt es längst von fast jeder Formatvariante dieses Genres auch eine Prominentenversion. »Celebreality« nennt man diese Fernsehformen im englischen Sprachgebrauch: Statt Durchschnittsbürgern, die sich – wie in Formaten wie *Big Brother* oder *Der Bachelor* – wie mindere Prominente aufführen, schaut man also zur Abwechslung Prominenten zu, die so tun, als seien sie Durchschnittsbürger.

Die beliebteste Celebreality-Variante ist die klassische Schlüssellochschau, die Promi-Familiensaga also. Die MTV-Serie *The Osbournes* leistete mit der Beobachtung des nunmehr frappant tapsigen Ozzy Osbourne und seiner Familie von 2002 bis 2005 Pionierarbeit, *Being Bobby Brown* verfolgte dann das Familienleben besagten R&B-Sängers und seiner damaligen Ehefrau Whitney Houston und ihrer Teenie-Tochter Bobbi Kristina Brown – allerdings nur eine Saison lang; trotz Spitzenquoten und guten Zuredens von Sender und Ehemann wollte Houston den Vertrag partout nicht verlängern. Die bis dato weltweit langlebigste Celebreality-Familiensaga ist *Keeping up with the Kardashians*, seit 2007 wurden 11 Staffeln über die Umtriebe der Schwestern Kim, Kourtney und Khloé Kardashian, ihrer Halbschwestern Kendall und Kylie Jenner und ihrer Eltern Kris und Caitlyn Jenner (vormals Bruce Jenner) sowie Bruder Rob Kardashian gedreht.

In Deutschland muss man sich unterdessen mit den Kapriolen des Ehepaars Effenberg (*Effenbergs Heimspiel*) oder mit Lothar Matthäus (*Lothar – immer am Ball*) herumschlagen,

Willi Herren zum Vaterschaftstest begleiten oder Mörtel-Lugners fortwährende Scharmützel mit seiner aktuellen Tierbabynamen-Gespielin bestaunen. Dafür durfte man allerdings auch schon bei den ganz großen Promi-Romanzen kiebitzen: Viva-Moderatorin Gülcan heiratete 2007 Bäckerketten-Erben Sebastian Kamps, und zwar in einer auch nach Jahren noch unvergessen schrecklichen, schmerzensreich anzusehenden Live-Zeremonie. Angeblich sollen mehr als ein Drittel der rund 120 Hochzeitsgäste Statisten gewesen sein, immerhin aber spielte Scooter als krawummsige Hochzeitskapelle auf.

Schon 2004 hatten Sarah Connor und Marc Terenzi bei *Sarah & Marc in Love* die Kitsch-Messlatte extrem hoch gehängt: Terenzi erstürmte, sinnlos mit einem Säbel bewaffnet, auf einem braunen Zossen reitend die Hochzeitslocation am Strand, setzte sich an den Flügel und sang ein Lied – das konnten 12 Jahre später auch Daniela Katzenberger und Lucas Cordalis trotz tränengepresster Ehegelöbnisse und explodiertem Baiserkleid nicht überschmalzen.

Die Hilfsdetektivs-Ermittlung

Die ewige Absurditätskrone in der hier angesiedelten Konkurrenz der Ermittler, Sozialfahnder und Vermissten-Aufstöberer gebührt – auch zehn Jahre nach Ausstrahlung der letzten Sendung – immer noch Alida Kurras' Schicksalsschnüffelsendung *Das Geständnis – Heute sage ich alles!* Zwischen 2004 und 2006 löste die Siegerin der zweiten Staffel von *Big Brother* aberwitzig vertrackte Streit- und Kniffelfälle nach ungefähr diesem Muster: Marusha geht ins Solarium. Doch aus den geplanten 15 Minuten Bräunungszeit werden fast eineinhalb

Stunden, denn Marusha schläft auf der Sonnenbank ein und entgeht nur knapp dem Tod. Zu Gast bei Alida, will die verbrutzelte Marusha die Wahrheit herausfinden. Denn sie hat den Verdacht, dass der Unfall geplant war, und mutmaßt, ihre Erzfeindin Natalie könnte ihr heimlich Schlaftabletten eingeflößt und unerbittlich Bräunungsgeld nachgeworfen haben. In Alidas diversen Befragungs- und Beichtekämmerchen kommt dann allerdings zügig ans Tageslicht, dass Marusha ihrerseits etwas zu gestehen hat: Sie ließ kürzlich eine heimliche Abtreibung durchführen, ohne ihrem Mann Theo davon zu erzählen. Der war allerdings ohnehin nicht der Vater, sondern Stefan, ihr heimlicher Lover – der eigentlich der Freund von Marushas bester Freundin Olga ist, welche ihrerseits davon Wind bekommen hatte und sich an der untreuen Freundin rächen wollte.

Woher bei »wahren« Fällen wie diesen die kurzen Filmeinspieler stammen, die Schlüsselszenen der jeweiligen Intrigen und Schlehmilerien zeigen, bleibt bei alledem unklar – Oliver Kalkofe erklärte in seiner satirischen Aufarbeitung des *Geständnisses*, sie stammten »aus der Überwachungskamera vom lieben Gott«.

Ähnlich allwissend wie der Schöpfer selbst zeigte sich in der Sendung auch die Moderatorin: Im Prinzip kennt sie bereits vor Beginn der Sendung als Einzige alle Details und Plot-Twists, versucht aber ihre Gäste im Einzelgespräch dazu zu bringen, die Wahrheit selbst ans Licht zu befördern. Eine Technik, die zuweilen an die didaktischen Kniffe des Philosophen Sokrates erinnert, wie sein Schüler Platon ihn seine Methoden im Dialog *Theaitetos* beschreiben lässt. Dort vergleicht Sokrates seine didaktische Vorgehensweise mit der »Hebammenkunst« seiner Mutter: Wie eine solche den Frauen bei der

Geburt ihrer Kinder hilft, so helfe er den Seelen bei der Geburt ihrer Einsichten. Und so half Alida ihren Gästen durch die richtigen, bereits die Antwort wissenden Fragen dabei, die bislang verborgene Wahrheit hervozupressen.

Eine ebenfalls vulgär-psychologische, jedoch deutlich weniger dadaistische Ermittlungssendung war *Zwei bei Kalwass*, später *Kalwass greift ein*: Psychotherapeutin Angelika Kalwass führte ihre Gäste (entgegen dem ursprünglichen Sendungstitel waren es öfters mal drei, mitunter auch vier oder noch mehr Hilfesuchende) im Laufe der Diskussion dabei wie ein ambitionierter, sehr bestimmt auftretender Pferdedompteur durch manch überraschende Volte, logische Schnörkel und geistige Zirkel. Auf dem Höhepunkt des solchermaßen erzeugten Spannungsbogens folgte meist eine dramaturgisch zunächst nicht absehbare Wendung, die durch ihre topoireiche Schnittmusterhaftigkeit von Kennern des Formats jedoch bald recht sicher vorhergesagt werden konnte. Oft basierte der gesamte Konflikt auf einer frühen Fehlinterpretation, oder das vermeintliche Opfer entpuppte sich überraschend als Täter.

Aufdeckungsformate aus dem Psycho-Sektor waren in den Nullerjahren, als diese Art von Sendungen ihre Hoch-Zeit feierte, allerdings eher die Ausnahme neben klassischen, vage Reality-angelehnten Polizei- oder Anwalts-Ermittlungen wie *Lenßen & Partner*, *K11 – Kommissare im Einsatz* oder *Niedrig und Kuhnt – Kommissare ermitteln*.

Eigentlich fehlt nur noch, dass Lahme wieder gehen und Blinde wieder sehen können – bis auf Blitzheilungen hat die deutsche Trash-Sumpflandschaft für jede persönliche Schieflage eine eigene Scheinhilfssendung. Schuldner werden beraten, Häuser entrümpelt, Kinder gebessert, Hunde erzogen, Wohnungen vermittelt, Restaurants gerettet, Verlorene wiedergefunden, Menschen umgestylt, Gärten planiert. Peter Zwegat, der allein mittels des Vernunft- und Rechensinn verleihenden Strahlens seines magischen Flipboards in *Raus aus den Schulden* finanziell Gestrauchelte wieder aufrichtet, die *Super Nanny*, das *Messie-Team*, der *Trödel-Trupp* – wenn man wollte, könnte man über Wochen hinweg täglich einen anderen Besserungs-Coach bei sich zu Hause empfangen. Und zum Schluss kommt Tine Wittler und streicht die Wohnzimmerwände zur Hälfte brüllgrün an.

In all diesen Formaten pumpt sich das Fernsehen noch einmal zur autoritären Größe auf, die es früher einmal hatte, als Menschen noch religiös glaubten, was ihnen im TV erzählt und verkauft wurde. Fernsehen wirkt in diesen Formaten als aufklärerische Kraft, die den verlotterten, hilflosen Menschen aus seiner selbstverschuldeten Unmündigkeit führt, wie Immanuel Kant das einmal – trotz völliger Unkenntnis *Rachs, des Restauranttesters*, der *Bauretter* und des *Einrichtungskommandos* – ähnlich formulierte. Weil der Mensch zum Trottelwesen neigt, gibt es viel zu tun und darum spartenintern verschiedene Eskalationsstufen: Wenn Schuldnerberater Zwegat es nicht mehr richten kann, bleibt noch der Gang zu *Hilfe – Ich bin pleite! Letzte Rettung Pfandleihe*. Versagt die *Super Nanny*, weil die renitenten Kinder schon zu alt sind, um sich klaglos auf die stille Treppe verfrachten zu lassen, kippt man sie einfach bei den *Strengsten Eltern der Welt* ab, wo Plumpsklo-Therapie in der Mongolei die Früchtchen wieder handzahm macht.

Während für sämtliche Lebensbereiche ein kamerabewehrtes Expertenteam bereit zu stehen scheint, sind Jobbeschaffungssendungen im deutschen Fernsehen überraschenderweise noch Mangelware. 2004 versuchte es RTL mit *Big Boss*, einer stark an das US-Format *The Apprentice* angelehnten Job-Castingshow mit Reiner Calmund, Ex-Manager des Bundesliga-Fußballvereins Bayer 04 Leverkusen. Im Laufe der Staffel sollte sich aus der Kandidatenschar der beste und förderungswürdigste Unternehmer herausschälen lassen. Die Quoten waren enttäuschend, wie schon 2004, als ProSieben das verwandte niederländische Format *Hire or Fire* adaptierte. Mit nur 6,0 Prozent Marktanteil stellte der Sender damals die Ausstrahlung nach der ersten Ausgabe sofort wieder ein.

In den USA läuft *The Apprentice* dagegen seit 2004 konstant erfolgreich. Donald Trump selbst suchte darin einen geeigneten Kandidaten für einen mit 250 000 Dollar dotierten Einjahresvertrag in einem seiner Unternehmen. Da Trump für die nächsten paar Jahre nun leider präsidentschaftsmäßig am Vorsitz weiterer Staffeln verhindert sein wird (der bizarre, endgültige Beweis, dass eine Trash-TV-Karriere ein Leben nicht zwingend zerstören muss), gab der Sender NBC im September 2015 bekannt, dass Arnold Schwarzenegger an Trumps Stelle den Chefsessel besetzen würde.

Eine Sonderform unter den vermeintlichen Lebenshilfeformaten ist die Kuppelshow. In den vergangenen Jahren ploppten in diesem Untergenre neue Formate stinkmorchelhaft aus der Erde, die *Herzblatt* im Nachhinein als humanistische Glanzveranstaltung erscheinen lassen. Hochgradig diversifiziert wird mit ihnen die Verpaarung durchaus unterschiedlicher Bedarfs-Zielgruppen vorangetrieben: Die Schönen und Schlichten vermitteln *Der Bachelor* beziehungsweise *Die Bachelorette*, die Landbevölkerung kann sich bei *Bauer sucht Frau* einmal am Nasenring durch die Auktionsarena führen lassen. Sexuell Unerfahrene werden bei *Jungfrau sucht die große Liebe* vorgeführt, schwer Vermittelbare bei *Schwiegertochter gesucht* (allerdings erscheint jede Staffel inzwischen nur wie ein Vorwand, um Dauerkandidatin Beate ein weiteres Mal demütigen zu können), körperlich Umfangreiche bei *Schwer verliebt*.

Zeigefrohe Menschen können bei *Adam sucht Eva – Gestrandet im Paradies* nicht nur üble Geschichten über den oder die Ex auspacken, sondern komplett blank ziehen: Gänzlich nackte Menschen lernen sich in dieser Sendung auf einer einsamen Südseeinsel kennen, Ziel ist die finale Verkuppelung nach ein paar Tagen. Nackt ist das halbe Dutzend hosenloser Liebessehnsüchtlinge dabei keinesfalls deshalb, damit die datingshowmüden Zuschauer etwas Neues zum Gaffen haben, sondern aus absolut hehren, erhabenen Motiven: Nur so sei es möglich, völlig unbelastet von Äußerlichkeiten und Vorurteilen einander wahrhaft kennenzulernen.

Am anderen Ende der Nacktheits-Skala befindet sich die Sat.1-Sendung *Hochzeit auf den ersten Blick*: Die Protagonisten, so viel kann man sicher sagen, sehen sich während der Sendung garantiert nicht entblößt, sie sehen sich nämlich erst einmal überhaupt nicht. Die Idee, ja wirklich, ist gar nicht dumm: Mal schauen, was passiert, wenn Menschen zusammenfinden, ganz ohne dem Hirngespinst der romantischen Liebe nachzutapsen, ganz ohne kulturell antrainierte Liebesblödigkeit und ohne Kitschtrara. Was, wenn man die zwischenmenschliche Anziehung ganz kalt auf banale biochemische, mathematische, soziologische Ausrechenbarkeiten herunterbräche, ein bisschen so, wie es die rätselhaften Algorithmen der Datingplattformen eh schon tun, nur wissenschaftlich präziser? Und sich beim ersten Date direkt auf dem Standesamt träfe, um nach wenigen Minuten Bekanntschaft gleich mal zu heiraten? Das »Expertenteam« (ein Wohnpsychologe, eine »Matching-Expertin«, ein Theologe), das die beiden zusammengepusselt hat, ist (abgesichert durch »eine Vielzahl wissenschaftlicher Erkenntnisse«) schließlich sicher: Das kann klappen!

Weil auch Promis, das haben uns diverse Formate nun schon hinlänglich eingebläut, irgendwo nur Menschen sind, bedürfen sie ebenfalls manchmal sanfter Romantik-Nachhilfe. Und bekommen dann, das ist praktisch, direkt eine eigene Datingshow. In *Kay One – Prinzessin gesucht* fahndete RTL 2 beispielsweise nach einer Gefährtin für den nun nicht für seine feine Dezenz bekannten Rapper. Der prompt die Nerven verliert, als er erfährt, dass sich unter den Kandidatinnen eine Transsexuelle befindet. Auch Menderes Bagci, der Dschungelkönig mit Monchichi-Appeal, sollte in *Herz zu verschenken* an eine Frau vermittelt werden – und zeigte nach Dauersoftigkeit im Dschungel eine andere Seite, indem er sich extrem wählerisch gab und antiquierte Genderideen auspackte.

Ein Lehrstück im Sub-Sub-Genre Promi-Datingshow lieferte Public-Enemy-Rapper Flavor Flav ab – vor allem in den Disziplinen maximale Melkung und größtdenkbare ökonomische Verwertung. 2004 trifft er als Teilnehmer der dritten Staffel von *Surreal Life*, einer Zwei-Wochen-Promi-WG des US-Senders VH-1, auf Ex-Model und Schauspielerin Brigitte Nielsen, man verguckt sich ein bisschen, ob tatsächlich oder mehr PR-getrieben, tut ja nichts weiter zur Sache. In jedem

Fall ist es Flavor Flav gelungen, in den folgenden Jahren aus dieser banalen Tatsache 14 Staffeln diverser Fernsehformate zu wringen, darunter das erfolgreichste: *Flavour of Love*.

So weit also unsere Exkursion in den Facettenreichtum all dessen, was gerne achtlos wild durcheinander in die Krams-Schublade mit dem Schmählabel »Trash« geworfen wird – wir konnten dabei bei weitem nicht in jeden abseitigen Winkel und in jede tiefe Scham-Schlucht leuchten. Freunde der vielfältigen Genres müssen übrigens nicht fürchten, der Wahnsinnszenit wäre schon erklommen, das Absurditätspotenzial bereits ausgeschöpft.

Auf der Fernsehmesse MIPTV (Marché International des Programmes de Télévision) in Cannes pitchen die Produktionsfirmen bei einer Formatebörse alljährlich neue Sendungsideen, fertig durchgeplant und produktionsreif. Die aberwitzigsten Ideen aus dem Jahr 2016:

Answer Like an Animal: Die Kandidaten müssen den »Geist und das Sein wilder Tiere umarmen«, indem sie in verschiedene Tierkostüme schlüpfen und diverse Challenges und Spielrunden so meistern, wie es auch das entsprechende Tier tun würde. »Die Menschen fühlen sich überfordert von der ganzen neuen Technik um sie herum und müssen wieder mit dem Tier tief in ihnen drin in Einklang kommen«, so eine Vertreterin der Agentur hinter der Idee. Man darf sich schon auf Ameisenbär-Hindernislauf und Grunzantworten bei der Schnellraterunde freuen.

Die bizarrste neue Idee stammt, na so was, aus Japan: *Resurrection Makeover* lässt tatsächlich – auf denkbar schrillste Weise – Tote wiederauferstehen. Mittels Hightech-Make-up-Techniken werden Schauspieler so hergerichtet, dass sie lieben

Verstorbenen extrem ähnlich sehen, und besuchen solcherart ausstaffiert die Hinterbliebenen – damit die offene Fragen klären und wirklich mit dem Verlust abschließen können. In einer in Cannes gezeigten Beispielfolge besucht ein toter Ehemann, der mit 31 Jahren an Krebs starb, seine Witwe, und singt dabei ihr Lieblingslied. »Ich bin so glücklich«, kann sie nur herauspressen. Mit dem Tod flirtet auch das niederländische Formatprojekt *With Love From Above*, in dem todgeweihte Menschen herzzerreißende letzte Nachrichten an ihre Lieben aufnehmen und Geschenke aussuchen dürfen, die den Hinterbliebenen dann nach ihrem Tod zugestellt werden.

Sonst nur Arte, aber ...
Der Sonderfall Dschungelcamp

Vielleicht ist es die Heldenreise, die die Menschen rührt. Die Chance darauf, dass ein psychisch geschundenes, verkanntes, gehemmtes Menschlein ausgerechnet durch ein Bad im Kakerlakensarg und das Herunterleiern einiger tränenumschleierter Kalendersprüche am nächtlichen Lagerfeuer vor den Augen der Zuschauer von der kuriosen Kultfigur zum gekrönten Sympathieträger metamorphisiert und dabei auch noch souverän den von allen Seiten auf ihn herabprasselnden Alpha-Trotteln ausweicht.

Vielleicht lockt diese echte Chance auf zumindest halbechte Rührung die Menschen jedes Jahr vor den Fernseher, wenn wieder *Ich bin ein Star – holt mich hier raus* läuft, das Dschungelcamp, das 2004 zum ersten Mal vage bekannte Menschen mit Erklärbedarfs-Prominenz in den australischen Busch verschiffte. Womöglich ist es auch die Sehnsucht nach ein bisschen Karneval, einer zeitlich limitierten und alleine schon deshalb ungefährlichen Parallelgesellschaft der Narren.

Der simple Spaß an dieser Form der Fernsehunterhaltung kann es jedenfalls nicht sein, denn ein Gutteil der Dschungel-Zuschauer entspricht nicht der typischen Trash-Klientel, gehört aber auch nicht zu den »ironischen« Guckern, die diese Distanz wie einen Schutzschild vor sich hertragen. Nein, viele IBES-Stammgäste versichern glaubhaft, noch nie eine Folge *Frauentausch* gesehen zu haben, bei *Bauer sucht Frau* wird ihnen nach der dritten Absurd-Alliteration blümerant, und auf eine Einladung zu einem schönen ANTM-Abend, bei dem abwechselnd eine Folge von *Australia's Next Top Model* und *Austrias next Topmodel* geschaut wird, machen sie sich nicht einmal die Mühe, eine Ausrede zu erfinden.

Eine IBES-Zuschaueranalyse aus dem Jahr 2015 zeigte: Fast jeder dritte Zuschauer hat Abitur, immerhin jeder vierte einen Uni-Abschluss. Das Dschungelcamp ist für viele restjährig Trash-Desinteressierte ein Sonderfall, zwei Wochen lang genießen sie die hemmungslose Verschundung und den erleichternden Ausbruch aus dem Bourdieuschen Habitus. Der Soziologe hatte in *Die feinen Unterschiede* genau die typischen Milieus der verschiedenen Gesellschaftsschichten und ebenjenen Habitus beschrieben, der charakteristisch für die jeweiligen Gruppen ist und in dem sie zu einem gewissen Maße auch gefangen bleiben. Obere Mittelschicht, Akademiker, das bedeutet heute vielleicht, seine gusseisernen Kartoffelstampfkeulen bei Manufactum zu kaufen und sich auf dem Markt beim Gläserpreis für saisonales Sauerampferpesto betuppen zu lassen, ganz sicher aber keinen regelmäßigen Trash-TV-Konsum.

Doch wenn es schon mal Schund sein darf, dann wenigstens der beste Schund. Das Dschungelcamp ist zweifellos das saftige Filetstück in der stellenweise durchaus etwas angegammelten Trash-Fleischtheke. Ein Premiumformat. IBES ist konzentrierter Trash, seine eingekochte Essenz: Die Camperschar speist sich traditionell aus allem, was in dieser Kategorie Rang

Serientäter

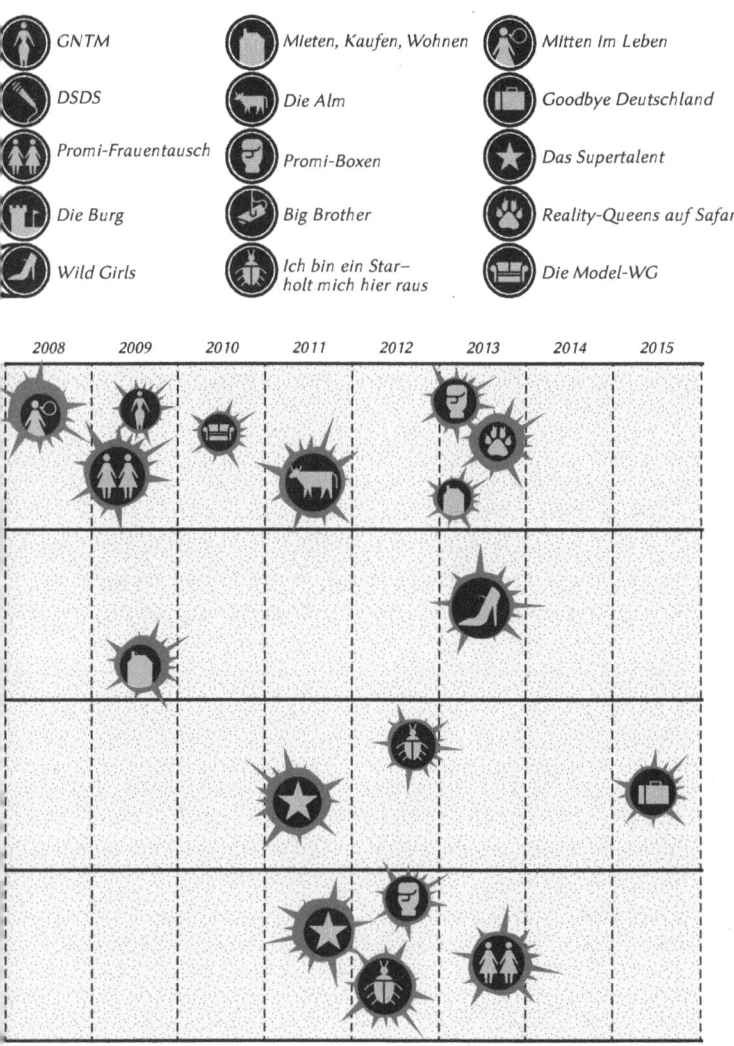

GNTM

DSDS

Promi-Frauentausch

Die Burg

Wild Girls

Mieten, Kaufen, Wohnen

Die Alm

Promi-Boxen

Big Brother

Ich bin ein Star–
holt mich hier raus

Mitten Im Leben

Goodbye Deutschland

Das Supertalent

Reality-Queens auf Safari

Die Model-WG

| 2008 | 2009 | 2010 | 2011 | 2012 | 2013 | 2014 | 2015 |

und Namen hat. Es sind Alumni aus *DSDS*, *Bachelor* und *Bachelorette*, *GNTM*, *Big Brother*, *Popstars*, dazu ikonischen Gameshows wie *Glücksrad*, Nachmittagstalks und Methusalem-Serien wie *Gute Zeiten, schlechte Zeiten*. Auch wenn man das Dschungelcamp schaut, ohne diese Quellen zu kennen, nimmt man quasi wie durch Osmose ein paar kleine Teilchen dieser anderen Sendungen mit auf.

Der vielleicht größte Unterschied, der *IBES* von anderen Formaten absetzt: Das Dschungelcamp lügt nicht. Es ist eine grundehrliche Sendung, die niemals vorgibt, etwas Höheres als TV-Trash zu sein. Guter Trash, klar, zwinkert man sich dabei in einer Mischung aus Selbstironie und -verliebtheit zu, aber eben: Trash. Und die Sendung beweist, dass man sich durchaus auch in diesem Feld die Mühe machen kann, ein Format mit liebevoller Ausstattung, herrlichen Moderationen und Off-Kommentaren auf Hochglanz zu polieren.

Seinen Ursprung hat das *IBES*-Format in England, dort ging *I'm a celebrity – get me out of here* 2002 erstmals auf Sendung. Inzwischen wurde es nach Deutschland, in die USA, nach Frankreich, Ungarn, Schweden, den Niederlanden, Dänemark, Rumänien, Australien und Indien exportiert, doch nur in Deutschland läuft die Sendung ähnlich erfolgreich wie im Mutterland. Man darf den Briten durchaus ihre mitunter aberwitzige Kandidatenauswahl neiden: Im Camp saßen schon die Autorin (und letztlich Staffelsiegerin) Carol Jane Thatcher, Tochter der früheren Premierministerin Margaret Thatcher, Paul Burrell, ein ehemaliger Bediensteter der Queen und persönlicher Butler von Diana, Princess of Wales, sowie John Lydon, besser bekannt als Johnny Rotten, in einem anderen Leben fratziger Sänger der Sex Pistols. Letzterer sorgte für 91 beim Sender eingereichte Beschwerden über seine Wortwahl: Während einer Live-Schalte beschimpfte er die Zuschauer zum Beispiel als »fucking cunts«.

In den deutschen Camps erwiesen sich jene Kandidaten, von denen man sich ähnliche Kapriolen hätte vorstellen können, leider oft als matte Liegenlungerer. Helmut Berger etwa setzten die Bedingungen im Dschungel so sehr zu, dass er frühzeitig freiwillig abreisen musste. Ihn immerhin kannten die kulturbeflissenen Dschungelcamp-Rezipienten für seine künstlerischen Arbeiten mit Luchino Visconti. Die Mitglieder dieser Zuschauergruppe kokettieren gerne mit der Diskrepanz zwischen *IBES* und ihren sonst deutlich anspruchsvolleren Interessen, etwa im Kommentarforum auf *SPIEGEL* Online, wo sich unter der Dschungelberichterstattung alljährlich ein festes Trüppchen zusammenfindet: »Jetzt war ich so vertieft, in meiner fernseherfreien Wohnung altpersische Aphorismen mit dem Fuß abzumalen, dass ich fast die 5. Jahreszeit übersehen hätte«, schreibt einer zur Einzugssendung der neuen Staffel. Doch in der eloquenten Beurteilung der Kandidaten zeigen diese Fans, dass man wirklich engagiert bei der Sache ist: »Dagegen erscheinen die beiden alten Männer als ungeheuer vulgär und Steigerung gegenüber der Stilikone Helmut Berger, der selbst schwer ermattet auf der Dschungelliege und beim Wildpinkeln noch die Eleganz eines Winnetou hatte. Gabriel und Zacher gemahnen eher an Jabba the Hutt (Gabriel) oder einen abgehalfterten FDP-Politiker auf zwangsweise verordnetem Landausflug mit der freiwilligen Feuerwehr. Sofern sie noch ein paar Tage durchhalten, werden uns die Opas noch viel Freude bereiten. Die Weisheiten eines Ortega ergänzen sich perfekt mit jenen des großen Legats, der sich den Titel ›Mann‹ schon jetzt stärker verdient hat als Aurelio zuvor. Menderes dagegen ist eher eine noch etwas putzigere Version des großen Joey Heindle, während die Nielsen halt tut, was man von ihr erwartet hat. Und sie erklärte dem Busenwunder, wie man ›Pi‹ macht, da fehlte nur noch der Zahlenkalauer.«

So groß ist die zeitweilige Identifikation mit dem Camp, dass sie es auch gegen traditionelle Anwerfungen von Trash-Feinden verteidigen, die *IBES* als ein Menetekel des unabwendbaren Weltenendes ansehen: »Ihr moralinsauren Besorgten – bitte teilt uns fleißig im Forum mit, warum ihr täglich über den Niedergang mitten unter den Niedergegangenen referieren müsst.«

Seit einigen Jahren führen sie dazu eine sorgfältig kuratierte Bullshit-Bingo-Liste mit sämtlichen, gebetsmühlenartig wiederholten Kritik-Topoi.

Sicher ist der Ausflug in die Sümpfe, wo ganz ernsthaft Sätze wie »Penis und Arschloch esse ich nicht« ausgesprochen werden, für viele nur eine Versicherung der eigenen Position und des eigenen Status, ein bewusstes Absteigen vom kulturellen Hochsitz. Vielleicht dient das Camp mitunter auch als beruhigendes Korrektiv. So wie Disneyworld nach Ansicht des Philosophen Jean Baudrillard nur darum als scheinbare Phantasiewelt gebaut wurde, damit man die (vermeintlich echte) Welt drumherum im Kontrast für real hält.

Tatsächlich aber sind philosophische Überhöhungen gar nicht nötig, denn auch nach über elf Staffeln, trotz sattsam bekanntem Prüfungsrepertoire und immergleichem Setting, ist das Dschungelcamp reizvoll. Denn es ist stets das jeweilige Ensemble, das die Sendung trägt (oder als die Ödnis enttarnt, die das Konzept eigentlich darstellt). Bei kaum einem anderen Format sind die Regeln und der ergebnisbezogene Spielverlauf derart nebensächlich. Der Kakerlakensarg und das Dschungelrestaurant mit den Schließmuskelspeisen sind nur Kulisse und

Klassische Floskeln der Trash-TV-Kritik

- ◆ Was hat das denn mit Kultur zu tun?
- ◆ Ich hab ja seit 77 Jahren keinen Fernseher mehr.
- ◆ Selbst wenn ich einen Fernseher hätte ...
- ◆ Armes Deutschland!
- ◆ Denk ich an Deutschland in der Nacht ...
- ◆ Wie kann man sich das nur antun?
- ◆ Der endgültige Untergang des Abendlandes
- ◆ Sind das Vorbilder für unsere Kinder?
- ◆ Kann man diesen Müll nicht einfach totschweigen?
- ◆ RTL-Verdummungsmaschine
- ◆ Ich guck ja ausschließlich Arte.
- ◆ Wir waren mal das »Volk der Dichter und Denker«. (Variation: Und so was kommt aus dem Land Kants und Goethes?)
- ◆ Und für so was zahlen wir Gebühren.
- ◆ Da höre ich lieber Mahler.

Requisiten, bestenfalls Vehikel, die die Handlung im Gang halten oder in eine neue Richtung lenken. Interessant ist nicht die Tatsache, dass die legendäre Sarah Dingens schon wieder in der Dschungelprüfung versagte. Brennend interessant ist, mit welchen aberwitzigen Volten sie sich dieses Mal wieder herausreden wird (unvergessen auf ewig: »My air was away«), ob den anderen Campern nun endlich der Kragen platzen wird und wie es dann weitergeht. Die gewonnenen oder eben nicht gewonnenen Sterne sind nur Dominosteinchen, die die eigentliche, indirekte Handlung in Gang setzen.

Welch wunderbares Fernsehen aus höchst beschränkten Mitteln dann im Idealfall entstehen kann, zeigt ein Glücksfall wie Larissa. Larissa Marolt, Hotelierstochter, die sowohl die österreichische als auch die deutsche Topmodelschule durchlief und mit ihrer performance-verweigernden Performance dem gerade etwas lau gewordenen Format neuen Effet verlieh. Dass sie am Ende nicht gewann, ist eines der großen Dramen der *IBES*-Historie.

Larissa, das Kaspar-Hauser-Kind, das durchaus glaubhaft vermittelte, nicht einmal den Vertrag gelesen zu haben, vor der Abreise schon mit dem Packen seiner Unterhosen überfordert war und im Camp nicht nur physisch oft stolperte und stürzte. Nein, am Ende siegte dann leider doch patent über pathetisch, ging Strampeln über Straucheln. Fleißbiene Melanie Müller, die sich extra für das Camp von einem Personal Trainer aufmuskeln ließ, einen Schamanen engagierte, der ihre Spinnenangst wegmurmelte, und als Abhärtungsprogramm schon vor dem Dschungel Ekelkram verzehrte, bestieg den Königsthron. Zwei Wochen lang hatte sie sich im Kasernenhofton als Busengeneral geriert (»Reiß dich mal zusammen, Mensch-duuu!«). Das Finale zwischen Larissa und Melanie: Kein lauwarmer Scheinwettkampf, sondern ein echter Clash der Kulturen.

Larissa war ein Charakter, wie man ihn selten sieht im Fernsehen. Schon bei ihren *Topmodel*-Ausflügen war sie als renitent aufgefallen. Sie bockte, sie schmollte, sie zeterte. Natürlich war sie anstrengend, ganz sicher zerrte sie gehörig an den Nerven, niemals würde man auch als glühender Larissa-Sympathisant mit ihr zu einer mehrwöchigen Rucksackreise durch Marokko aufbrechen wollen. »Bei ihr vermischen sich so Sachen wie Alpträume, Zeichentrickfilme, Heimatromane und ihr normales Leben zu einem ganz großen Film. Und den erzählt sie dann ganz einfach«, sagte Mitcamper Jochen Bendel einmal über Larissa. Die übertriebene Geste und das immer eine Schippe zu Dramatische: Mit Larissa war das Dschungellager Camp im doppelten Wortsinn.

Denn »Camp« ist nicht nur ein Zeltlager, sondern auch ein ästhetisches Prinzip, das die Schriftstellerin Susan Sontag in ihrem Essay *Notes on Camp* bekannt machte und das sich vom französischen »se camper« ableitet. Was so viel bedeutet wie »sich in übertriebener Pose präsentieren«. Camp ist all das Überzogene, das Künstliche und Anstrengende, das so lustig sein kann, wenn man es aushält. Siegfried und Roy, Schloss Neuschwanstein, Benny Hill und *Twilight* sind Camp. Und eben auch Larissas slapstickartige kleine Unfälle, ihr beständiges Plumpsen, ihre wirren Einfälle und höchst verschrobenen Bonmots. Für den Zuschauer lauter kleine Momente der Flucht aus seinem in der Regel ganz und gar un-campy Alltag. »Seht doch, was wir durchgemacht haben! Seht unsere Körper an!«, rief sie in den letzten Minuten des Telefonvotings den Zuschauern zu. Herrliches Pathos, das man in der Kantine, am Bankschalter, in der U-Bahn nur ganz selten erlebt.

Wie ein Brandbeschleuniger kitzelte sie bei ihren Mitcampern schon in den ersten Tagen finstere Seiten hervor, die bei normaler Nervenbelastung erst nach veritabler Bohnen-Zermürbung in der zweiten Camp-Woche langsam ans Tageslicht kreuchen. Ob wir den herrischen Gemma-gemma-Mola, den schimmlig-mürrischen Wahnfried-Winfried und den geschmeidig zwischen Emo-Berater und Diskret-Mobber hin und her mäandernden Jochen ohne sie auf diese Weise zu sehen bekommen hätten? Die Entlarvung des inneren Sausacks mancher Teilnehmer, das war Larissas größte Leistung. All das dargeboten mit der Poesie eines ungelenken Fohlens. »Ich esse keinen Schmetterling«, sprach Larissa einmal. Mehr Emo wurde es nicht mehr im Elendscamp.

Die Intellektuellen freilich haben sie schon längst wieder vergessen, machen dann doch nicht mehr den im Überschwang angedachten Urlaub im Hotel ihrer Eltern am Klopeiner See in Kärnten, wo man den durch Larissas Lagerfeuererzählungen fabelwesenhaft verklärten Hausburschen Engelbert einmal höchstpersönlich erleben und vielleicht einen Blick auf den Familien-Golden-Retriever erhaschen hätte können, mit dem Larissa auf einem privaten Facebook-Video in Vorbereitung ihrer *Let's Dance*-Teilnahme so gut Walzer tanzte.

Nein, nach dem Camp ziehen die Zaungäste wieder weiter gen Arte. Und lesen nicht mehr, was der Dschungelkönig Menderes Bagci vier Monate nach seiner Krönung, im Mai 2016, bei Facebook postet: »Gerade eben bin ich wieder daheim angekommen. Die gestrige Autogrammstunde im Globus-Markt in Weischlitz war ein voller Erfolg.«

Reale Rollen – wiederkehrende Figuren und Motive im Trash-TV

Seinen Trash-TV-Konsum ernst nehmen, das bedeutet auch: Arbeit. Das Jahr ist durchgetaktet wie im bäuerlichen Kalender. Im Januar ist Dschungelcamp, da muss man sich sonst nichts vornehmen, im Anschluss dann *Der Bachelor* bis in das Frühjahr hinein, im Mai werden die neuen heiratswilligen Bauern vorgestellt, anschließend kann man im Sommer mit dem nötigsten Tagesgeschäft und eventuellen Außer-der-Reihe-Bonus-Preziosen (wie *Das Sommerhaus der Stars*) kurz durchatmen, zum September hin kommt *Promi Big Brother*, und dann muss man eigentlich nur noch das Helene-Fischer-Weihnachtskonzert überstehen, bis alles von vorn losgeht.

Eine geistige Entlastung ist es da, dass man bei jeder frischen Staffel alle neuen Kandidaten eigentlich schon kennt. Denn wie in den klassischen lateinischen Komödien von Terenz und Plautus treten in jedem etablierten Trash-Format, das bereits über einen gewissen Staffel-Backkatalog verfügt, bestimmte traditionelle Charakter-Typen immer wieder auf, werden durch Konvention geformte Rollen immer wieder neu besetzt. In der italienischen Comedia dell'Arte gibt es diese festen Charaktere ebenfalls, die Schauspieler dahinter tragen Teil-Masken, die das

Gesicht zur Hälfte bedecken – metaphorisch gesehen passt dieses Bild gut zu den Trash-Darstellern: Einerseits stecken sie in den Rollen, für die sie gecastet wurden, andererseits bleibt ihnen auch Raum, diese Rolle auf ihre Weise auszufüllen.

Die differenziertesten Rollentypen lassen sich beim Dschungelcamp identifizieren. Wie in einer sehr großen, extrem dysfunktionalen Familie gibt es festgeschriebene Parts, die man den Ensemblemitgliedern jede Staffel aufs Neue relativ eindeutig zuordnen kann. Menschen werden zu Topoi. Die große Castingkunst besteht darin, die Lücken zwischen diesen Traditionsknallchargen mit personellen Wildcards aufzufüllen, gerade im richtigen Verhältnis, dass dem Zuschauer das Geschehen zwar vertraut, aber auch überraschend erscheint.

Zehn charakteristische *IBES*-Rollen

1. Das Muttchen: Völlig klar, jede Kompanie braucht eine butterweiche Brust, an der sich die zerschundenen Kämpfer nach verlorenen Schlachten ausheulen können. Hätschicheletten und Päppler nehmen dabei im Camp eine strategisch schlaue Position ein: Weil sie als zentrale Ausheulstelle für die Schürfung immer neuer Klatschvorkommen sorgen, lässt sie der Zuschauer meist relativ lange im Camp. Zum Beispiel: Michaela Schaffrath, Radost Bokel, Jochen Bendel.

2. Der Stoiker: Yin und Yang funktioniert bei *IBES* im Idealfall so: Auf jeden Choleriker kommt ein Schaumgummigemüt, das die Wut-Wucht mit Gleichmut aufnimmt und abfedert. Irgendwann entlädt sich das freilich auch bei mönchsähnlichen Charakteren in einen leichten bis mittleren Nervenzusammenbruch. Zum Beispiel: Peer Kusmagk.

3. Die Zimmerpflanze: Eigentlich erinnert man sich immer nur bei den Votinganrufen, dass diese Ausharrerin ja auch im Camp sitzt. Sie macht nichts und sagt nichts, auf dass sie zügig abgewählt werde, um dann im legendären Hotel Versace weiterzudämmern. Viel Sinn für Humor bewiesen die Zuschauer in der goldenen achten Staffel, als sie Schlafbärin Tanja Schumann trotz aberwitziger Untätigkeit Woche für Woche mit ihren Anrufen weiter mit durchschleppten: Sie schaffte es mit schlecht verhohlenem Unwillen bis auf Platz vier. Ebenso: Nathalie Volk.

4. Die Busenlüfterin: Natürlich braucht jede Staffel blankziehwillige Damen, damit die einzigen pikanten Bilder nicht in den unvermeidlichen urologischen Bömmelaufnahmen der älteren, männlichen Campbewohner bestehen. Traditionell zieht sich vor dem Einzug auch mindestens eine Camperin im *Playboy* aus, ist aber dann mitunter vor der Fernsehkamera aufgrund klimatischer Verwitterung und Photoshop-Knappheit nicht wiederzuerkennen. Zum Beispiel: Melanie Müller, Micaela Schäfer.

5. Der Wandler: Nicht zu verwechseln mit dem Wendler, der bei seinem Kurzaufenthalt im Camp recht schnell zum Pendler wurde, sich nach dem dritten Tag ins Hotel verabschiedete, um dort dann sogleich zu lamentieren, er wolle so gerne in den Dschungel zurückkehren. Die Wandler hingegen beißen sich durch und absolvieren eine klassische Heldenreise: Von der Memme zum Dschungelheld, von der Lachnummer zum sensiblen Sympathen. Zum Beispiel: Menderes Bagci, Joey Haindle, Jenny Elvers.

6. Die Catchphrase-Kanaille: Sie ist hochprofessionell, will die Campzeit möglichst ausgiebig melken und hat dazu im Vorfeld ein kleines Strategiepapier entwickelt. Dazu gehört

Die Dschungelkönige

28 000 €

Costa Cordalis (2004 I)
der Heimlichverdauende

keine Angabe

50 000 €

Peer Kusmagk (2011)
der Kampfsoftie

★ ★ ★ ✦

30 000 €

Ross Antony (2008)
der Tränenprinz

keine Angabe

22 000 €

Désirée Nick (2004 II)
die Spitzzüngige

keine Angabe

20 000 – 60 000 €

Ingrid van Bergen (2009)
die Glamgreisin

★ ★ ★

Kreisgröße entspricht
der geschätzten Gage

Zuschauervoting zum Thron,
(ein Stern entspricht 20 Prozent)

15 000 €

Joey Heindle (2013)
die Sentenzenschleuder
★ ★ ⟩

20 000 €

Maren Gilzer (2015)
die Dschungelfee
★ ★ ★

150 000 – 200 000 €

30 000 €

Menderes Bagci (2016)
der Come-on-ist
★ ★ ★ ★

Brigitte Nielsen (2012)
die Dauerdänin
★ ★ ⟩

30 000 €

Melanie Müller (2014)
der Busengeneral
★ ★ ⟩

frühzeitiges Eigenbranding und die Entwicklung eines bis zum Erbrechen wiederholten Trademark-Spruchs, den man nach dem Camp dann hoffentlich in einer Fruchtquarkwerbung aufsagen darf. Zum Beispiel: Brigitte Nielsen (»Was geht los darein?«), Gina-Lisa Lohfink und Sarah Knappik (»Zack die Bohne!«), Thorsten Legat (»Kasalla!«). In männlicher Form tritt die Catchphrase-Kanaille oft als Singsimpel auf, der durch penetrante Trällerei seine geplante Post-Camp-Single promoten möchte. Zum Beispiel: Michael Wendler (»Es war so schön, unsere Zeit im Dschungelcamp«), Costa Cordalis (»Tanz – den – Dschungelbeat: Zwei zurück, eins nach vorn, Dschun-gel-beat!«).

7. Das Gammelfleisch: Wir werden alle nicht jünger. Eindrucksvoller als jede Apotheken-Gratiszeitung beweisen das Jahr um Jahr die älteren Camp-Bewohner, die in völliger Fehleinschätzung ihrer körperlichen Kapazitäten ins Camp einzogen und dort die Zeit bis zur Gnadenabwahl schnaufend auf der Pritsche verbringen müssen. Zum Beispiel: Helmut Berger (ein Jammer!), Klaus Baumgart, Rolf Zacher, Gunter Gabriel.

8. Der Mephisto: Ohne Zunder kein Lagerfeuer, ohne stichelnde An- und Brandstifter keine Sozialeskalation. Um die traditionellen Verbrüderungsambitionen zu Beginn jedes Camps zu untergraben, braucht es unbedingt einen Ätzmolch, der intrigiert, lästert und seine eigene kleine Agenda verfolgt. Zum Beispiel: Winfried Glatzeder, Matthieu Carrière.

9. Das Lachgummi: »Mit Humor, mit Humor, kommt mir vieles leichter vor«, heißt es in der alten hanseatischen Weise *Hummel Hummel (mit Humor)*. Das stimmt allerdings nur bedingt. Das Lachgummi ergeht sich im Camp in solch pe-

netranter, Instant-Eistee-künstlicher Fröhlichkeit, dass es den anderen sehr schnell extrem schlechte Laune beschert. Zumal die Zeit des Feixens auch bei den ärgsten Hardcore-Grinsern begrenzt ist: Jedes Lachgummi platzt irgendwann. Zum Beispiel: Silva Gonzales, Ricky Harris.

10. Der Männermann: Es gibt sie noch, die kernigen Kerle. Wo wäre ein roh-maskulines Holzhackergemüt besser am Platz als im Dschungel, wo ohnehin ständig Feuerholz benötigt wird? Der interessante Aspekt an diesen übertrieben männlich agierenden Muskelkerlchen ist jedoch stets ihre Sollbruchstelle. Außen hart und innen ganz weich, man kennt das. Beispiele: Aurelio Savina, Thorsten Legat.

Auch wenn diese Traditionsrollen bei *IBES* besonders deutlich zu identifizieren sind – mit etwas Schürfarbeit findet man sie tatsächlich in jedem eingespielten Trash-Format. Dazu noch folgendes Beispiel:

Die fünf Top-Typinnen bei »Germany's next Topmodel«

1. Die Beißgurke: Holzschnittige Vorabendserien nährten in ihr schon in Kindertagen die feste Überzeugung: Als Model muss man zickig sein. Also hoch mit dem Näschen und runter mit den Siegeschancen: Mit Motzen hat bei *GNTM* noch niemand gewonnen. Zum Beispiel: Daria, Yusra, Tessa (die eines der schönsten Wikipedia-Biografie-Details aller Zeiten für sich beanspruchen darf: »2010 wirkte Bergmeier bei der ProSieben-Reality-TV-Show *Die Model-WG* mit, wo sie nach einer Bratpfannen-Attacke auf Sarah Knappik ausschied.«)

2. Die eiserne Grinserin: »Hast du Spaß?«, verhört Heidi Klum in den stets beklemmenden Finalshows gerne im Minutentakt alle Anwesenden, um ihnen dann schon mal ein dampfendes Fun-Stahlbad einzulassen. Die Frage hat durchaus etwas von einer Drohung, und natürlich gewinnt am Ende das Mädchen, das den Grinsezwang am konsequentesten erfüllt. Bereits Adorno beschrieb dieses Phänomen des »schlechten Lachens«: Es »bewältigt die Furcht, indem es zu den Instanzen überläuft, die zu fürchten sind«. Und lacht darüber, dass es nichts zu lachen gibt. Zum Beispiel: Lovelyn, Stefanie (Giesinger), Taynara.

3. Die Unschuld vom Lande: Mitunter zerrt Klum ihre Kandidatinnen angeblich ja sogar aus dem Hühnerstall oder den Dünsten einer chemischen Reinigung, und so gelingt es ihr auch nach einem Dutzend Staffeln immer noch, pro Saison mindestens ein Mädchen zu finden, dass sich trotz reichlich Anschauungsmaterial aus vorherigen Runden seine halb nervige, halb rührende Naivität bewahrt hat. Zum Beispiel: Sarina, Jaqueline, Fred.

4. Das Sanostolkind: Diese Mädchen zicken nicht, sie haben einfach nicht so viel Lust. Natürlich läuft es dem Prinzip der Sendung streng zuwider, wenn man nicht wirklich daran interessiert ist, für ein olles Foto mit einem Motorenrucksack herumzufliegen, von Häusern zu springen oder sich von Vogelspinnen beklettern zu lassen. Das Sanostolkind möchte das alles einfach bleibenlassen – eben ganz wie das sympathisch desinteressierte Pfützenschleicherkind aus der entsprechenden Werbung. In fast schon bartlebyhafter Verweigerungshaltung jammert und klagt es sein »Ich möchte lieber nicht« in die Welt, um sich erst im letzten Moment seufzend zu fügen. Zum Beispiel: Luise,

Mandy (mit dem schönen Signature-Satz: »Isch war so müde!«).

5. Die Stresserin: Sie ist die ehrgeizige Fleiß-Biberin, die noch alleine für sich trainiert und über den Übungslaufsteg stöckelt, wenn die anderen längst schlafen. An den anderen Kandidatinnen ist sie nicht übermäßig interessiert. In den *Topmodel*-Versionen der anderen Länder gibt es einen typischen Stresserinnen-Satz, der sich, gemessen an der Häufigkeit, als Trinkspiel-Material anbieten würde: »I'm not here to make friends!« Zum Beispiel: Fiona, Carolin.

So weit die drehbuchgemäßen Charaktere. Das Schöne am Trash-TV: Es gibt immer wieder Querschläger, eigentlich uncastbare Glücksfälle, die die Kandidatenprofile und Plot-Konzepte mit wunderbarer Eigensinnigkeit sprengen. Und die bei ihren Performances mitunter spontan Texte abliefern, die auch der ambitionierteste Dialogautor feiner nicht hätte ziselieren können. Einer der goldenen Sprachbeiträge bleibt das Selbstgespräch einer unvergessenen *Frauentausch*-Kandidatin bei der Wohnungsbesichtigung: Die Erdbeerkäse-Monologe, hier ungekürzt.

> »Fernsehn bildet, weil man viel daraus lernen kann. Zum Beispiel kochen lernen, Kindererziehung, Kinderkrankheiten.
>
> Dein Tererium – hä? T-e-r-e-t-o-r-i-u-m. Dein Teroteo … kann ich nicht aussprechen. Mach ich auch nicht. Ich denke, nicht mein Revier! Was sind das hier alles für

Schlüssel, ey, keiner passt hier. Dein Tererärium, na, hier sieht das schon bisschen besser aus hier oben.

WAS IST DAS DENN? Wa? ›Nur frisch und gesund kochen‹, jaja, ich koch gar nix für den. Ja, momomorgendlichen Pflichtprogramm‹, der kann mich mal, ich mach gar nich, ist ja ekelhaff. Sowas trink ich bestimmt nicht. Bio ist für mich Abfall.

Hier ist ein Kinderzimmer, ja! Wat steht da? Wat ist das für ein Buchstabe? Dein Ruck – dein Rück, hää? Det kann ich nich lesen! Dein Rück -worts ... dein Rückwortsorcht. Was haben die alle für eine Schrift? Sowas Ekelhaftiges! Ey Neeeeeee ... Nee buaah, büüäääh, buääääääh Blääääärg ... Ekelhaff.

Nee ... Hier komm ich mir vor wie im Omaparadies. Hier sind überall so ... Blätter! Und Stempel. Was wollen die alle? Ist der Briefträger?

Hier essen und entspannen sich meine Männer! Hier wird nur deutsch und frisch gekocht. Das ist gekochter Schinken, das ist Teewors, das ist Leberwors, das ist Salami, das ist Schinkenwors, das ist Erdbeerkäse. In Wors sind Vitamine drin. In Leberwors, in Schinkenwors und Erdbeerkäse! Für mich ist wichtig gesundes Essen, frisches Essen, weil es gesund ist. Für meine Kinder kann auch schon mal aus der Dose sein. Die Leute, die wat Bio essen, sind dick wegen dem ganzen Zucker. Wors und Brot haben keinen Zucker, deswegen machen se auch nicht dick.

Möchtest du eine Kinderschokolade? Das ist gut für dich, ist gesund. Kindermilch ist da drin!«

Exkurs: Die Kehrseite der Kanaille –
die Evolution des Trash-Kandidaten

An der Entwicklung des Formats *Big Brother* – und besonders an der seines Personals – lässt sich auch die zunehmende Verfeinerung des Trash-Genres als Ganzes ablesen. Ex-Richter Ronald »Gnadenlos« Schill zeigte 2015 mit seiner Performance in der dritten Staffel von *Promi Big Brother*, was der idealtypische, moderne Trash-Kandidat heute leisten muss. Der studierte Jurist, ehemalige zweite Bürgermeister und Innensenator der Hansestadt Hamburg, übernahm dabei die Rolle des störenden Elements, des Irritationskasperls, das die mitunter allzu harmonischen Verhältnisse im Promi-Container ab und an mit Schmackes umkegelt und aus der Not gezimmerte Ordnungen über den Haufen wirft.

Mit der Verfeinerung und Diversifizierung des Trash-TVs haben sich auch die Anforderungen an sein Personal verändert. Ja wirklich, auch Trash kann sich weiterentwickeln. So wie auch der ganz reale, anfassbare Abfall im Prozess der Zivilisation immer bunter und komplizierter wurde, vom Hausmüll-Gewölle des vorindustriellen Lebens zum heutigen Elektroschutt. Oder eben, vom Müllschlucker auf den Müllgucker übertragen: Vom Trash-Ur-Simpel Zlatko professionalisierte sich der Schrottfernseh-Protagonist zum taktisch cleveren, schnittigen Container-Schill. Seine fünf Top-Qualifikationspunkte:

1. Er ist catchphrasefreudig. Zwar hat sich aus seinen Bonmots noch nicht der eine, massen- und twittertaugliche Viral-Schillismus herausgeschält – wie Thorsten Legats »Kasalla!«, Brigitte Nielsens »Was geht los darein?« oder Menderes

Bagcis »C'me-on-never-give-up!« –, aber er hat durchaus das sprachschnitzerische Potenzial dazu. Beispielhaft sein Containerdialog mit Ex-»Bachelor« Paul Janke, von dem er wissen wollte, warum er eigentlich noch Single sei. Janke erklärte, er sei viel unterwegs, lerne eine Menge Frauen kennen, aber eben nur oberflächlich. Darauf Schill, in einer Kaskade metaphorischer Anzüglichkeiten: »Wie tiefgehend oberflächlich? Jetzt wollen wir es wissen: Wie tief dringst du ein? Wie hältst du deine nächtlichen Bekanntschaften bei der Stange? Wann warst du zuletzt an der Scheide deines Lebens?« Alles freilich keine dichterfürstlichen Sprachbilder, aber doch bedeutend mehr, als der durchschnittliche Trasher zu formulieren weiß.

2. Schill ist nicht bömmelscheu, ebenfalls ein Plus bei schon naturgemäß exhibitionistischen Formaten: Während seiner Zeit bei *Big Brother* war das richterliche Untenrum bei seinen Duschgängen ausführlich zu begutachten. Auch verbal macht er sich ohne Federlesen nackig und gab etwa freimütig zu Protokoll, er fände es »sehr aromatisch, wenn eine Frau ein wenig Ausdünstung hat«.

3. Er hat Talent zum Agent Provocateur. Schill ist ein wendiger Trickster, der um seine Mitkandidaten herumtänzelt, ein Trash-Sophist: Er weiß, wie man spielt und taktiert, vermeintliche Bündnisse schmiedet, im rechten Moment dann überraschend erst die Seiten wechselt und dann durch die Tapetentür verschwindet. Er schürt hier ein Konfliktchen und schmiegt dort eine Streitigkeit weg und erzählte so zum Beispiel den Kellerasseln der bigbrotherschen Zwei-Klassen-Gesellschaft, was er im Reichenbereich eben an Köstlichkeiten zum Frühstück verspeiste, während die Lauschenden gemeinschaftlich an einer Scheibe Kohlrabi nagen.

4. Er hat reichlich Erzählkapital für die dumpfe Nachmittags-leere im Container (und potenziell noch zu durchwachende Dschungelcampnächte am Lagerfeuer). Zerdellte Unterhal-tungsarbeiter alleine sind nicht abendfüllend, darum ist es essenziell, dass sie etwas zu erzählen haben: Tragische Por-nosucht-Moritaten wie weiland Patrick Nuo, klamottige Hollywoodanekdoten wie Brigitte Nielsen oder eben zotige Richtererotik à la Schill. Er hat in seiner Schnurrenschatulle zum Beispiel die Geschichte, wie er als 13-Jähriger seinen Nachhilfelehrer auf dessen Wunsch hin mit einer Nilpferd-peitsche vermöbeln musste. Genauer nachzulesen dann freilich in seiner Autobiografie *Der Provokateur*, die pünkt-lich zu seinem Auszug aus dem TV-Container erschien – ausgezeichnet wusste er *Promi Big Brother* als »Promo Big Brother« zu nutzen.

5. Wichtigster Qualifikationspunkt: Er hat reichlich Fallhöhe. Auch wenn er unmittelbar vor seinem Einzug ins BB-Haus in Rio de Janeiro in der Favela Pavão-Pavãozinho hauste, ist er in den Köpfen der Zuschauer doch immer noch der ket-tenhundscharfe Fatal-Jurist mit den knallharten Urteilen – und über so einen sitzt man mit Flipskrümelpanadenmund am liebsten zu Gericht. Richtet nicht, auf dass ihr nicht ge-richtet werdet? Upsi, zu spät.

Trashwiederkäuer und Sinnschürfer.
Die Fans der Formate

Darf man über »Erdbeerkäse« lachen? Über »Schinkenwors« und »Abfall-Bio«? Der genussvolle Konsum von Trash-Fernsehen ist eine mimosige Angelegenheit: Je mehr Reflexion man über die mutmaßlichen Produktionsbedingungen und die vermittelten Werte der Sendung anstellt, die man gerade anschaut, desto schwieriger fällt es, sie tatsächlich unbelastet und ohne ethisches Bauchgrummeln zu genießen.

Kann man aber auch über die Almöhihaftigkeit heiratswilliger Bauern lästern, schnaubend vor wohliger Fremdscham *Schwiegertochter gesucht* anschauen – und trotzdem dabei nicht das Gefühl haben, sich gerade schäbigst gemein zu machen mit den Menschenvorführern, die diese Sendungen produzieren? Gibt es ein richtiges Sehen im falschen?

Das kann funktionieren, schreibt die feministische Medienkritikerin Jennifer L. Pozner in ihrem Buch *Reality bites back. The troubling truth about guilty pleasure TV*, denn Trash-TV sei ein gutes Feld, um an der eigenen »Media Literacy« zu arbeiten. Der Begriff klingt viel schöner als das stets ominöse, immer etwas vermufft nach Pflichtlehrplan tönende deutsche »Medienkompetenz« und folgt der Idee, dass man nicht nur lernen muss, Bücher und Zeitungen zu lesen, sondern eben auch das Fernsehen: Hinter die Bilder sehen, die Codes, Suggestionen und Tricks erkennen, enttarnen und begreifen: »Media literacy is our strongest weapon against propaganda and manipulation in today's profit-driven media culture.«

Natürlich ist es optimistisch, von einem mündigen Zuschauer auszugehen, der nicht hyänenhaft lachend nur die Köder verschlingt, die die Sendungen auswerfen. Der nicht die bequemste Lesart wählt, sondern selbst seinen Pfad im Bedeutungswald freihackt. Ein gutes Beispiel für eine solche alternative Rezeption bot sich bei *Catch the Millionaire*, einem 2013 gesendeten Format von ProSieben, das strukturell an ein klassisches *Bachelor*-Setting erinnert. Allerdings müssen sich hier drei Männer den Frauenbestand teilen. Was die Kandidatinnen nicht wissen, die alle drei Junggesellen für sehr gut betucht halten: Nur einer von ihnen ist wirklich Millionär.

Natürlich kann man diese Exposition auf der breiten, glatt geteerten Bedeutungsstraße lesen, der naheliegenden Interpretation, die die Produktion anbietet: Mal sehen, ob die Frauen nicht zu dumm sind, das rauszufinden, überhaupt, diese geldgeilen Hühner, geschieht ihnen ganz recht, wenn sie drauf reinfallen! Man kann aber auch seinen Blick auf die Männer richten, auf die beiden Schein-Millionäre: Wie gebärden sie sich, wenn man sie für ein paar Wochen Drehzeit auf einen ganz neuen, ungeahnten Status wuchtet? Sie in dieser Vorzugsstellung zum Schein nicht nur mit unglaublich viel finanziellem, sondern damit auch sexuellem Kapital ausstattet? Tatsächlich sind Gero und Chris, die Fake-Millionäre, viel interessanter als die balzbereiten Kandidatinnen mit

Raff-Ambitionen. Und auch der echte Millionär kann mit der Konkurrenz nicht wirklich gut umgehen. Am Ende wird er von den Hochstaplern in den Pool geworfen, woraufhin alle zusammen im Schwimmbecken herumtollen wie drei brustrasierte Otter. Rituale der Männlichkeit, die man vom Sofa aus wie bei der Wildbeobachtung auf einem Hochsitz verfolgen kann.

Wie wird man nun vom Trashwiederkäuer zum mündig-vergnügten Sinnschürfer? Durch Spiele, schreibt Jennifer L. Pozner. Sie empfiehlt, für die zu betrachtende Sendung zuerst eine Bestandsaufnahme ihrer Topoi zu erstellen: Welche stereotypen Charaktere treten auf, welche Rollenklischees werden bemüht? Welche typischen Sätze und Catchphrases fallen? Welche Situationen erscheinen in der Sendung ganz selbstverständlich, würden so im echten Leben aber nie passieren? (Ein Beispiel aus dem *Bachelor*: Alle Beteiligten finden es völlig normal, einen hysterischen Heulkrampf zu bekommen, weil man nun doch nicht einen Mann heiraten darf, den man erst seit 12 Tagen kennt.) Welche Botschaft, welcher Subtext wird transportiert? Welche Werte werden als »normal« oder »richtig« dargestellt? Und was ist die »untold story«, die Aspekte, die gezielt verschwiegen werden, oder die Perspektive, die man bewusst nicht zeigt?

Ausgestattet mit dieser Stoffsammlung, kann man die Sendung dann, je nach Alter und Gemüt, in ein Bingo- oder Trinkspiel verwandeln. Hier die Basis-Version eines *Bachelor*-Trinkspiels, das man für jede Staffel mit den jeweiligen persönlichen Schrullen des aktuell zu Vermittelnden anreichern kann:

- Eine Kandidatin erklärt, sie fände Landschaft, Restaurant oder den »Bachelor« »superschön« oder benutzt ein anderes »super«-Quatschwort: 1 Schluck.
- Der »Bachelor« nennt die Kandidatinnen »Ladies«: 1 Schluck.
- Eine Kandidatin quiekt: 1 Schluck. (Dabei ist es unmaßgeblich, ob das Quieken aufgrund von Freude oder Kummer erfolgt.)
- Der »Bachelor« trägt ein rosafarbenes Kleidungsstück und/oder einen extremen V-Ausschnitt: 2 Schluck (ein rosafarbenes Ausschnitt-Shirt ergibt 4 Schlucke, logisch).
- Irgendjemand küsst sich (beliebige Konstellation): 1 Schluck.
- Ein Date findet in einer schwachsinnigen, unpraktischen Szenerie statt: 2 Schluck. (Zum Beispiel: Abendessen an einem Tisch, der in einem extrem flachen Pool steht, weshalb man die Tafel nur watend erreichen kann.)
- Eine Kandidatin beklagt den Umstand, dass sie noch eine Konkurrentin hat: 1 Schluck.
- Der »Bachelor« sagt etwas Brachialromantisches: 1 Schluck. (Das Stumpfheitsniveau von »Sie hat weiche Lippen. Es fühlt sich richtig an« sollte allerdings schon erreicht werden.)
- »Bachelor« oder Kandidatin reden über die gemeinsame »Zukunft«: 3 Schluck.
- Die Kandidatinnen liefern sich einen Catfight: 1 Schluck. (Wobei ein Meilenstein der Bitch-Rhetorik

aus der sechsten Staffel wohl nicht mehr erreicht
werden wird: »Ich habe nicht drei Jahre lang studiert,
um mir von jemandem, der im Handyladen arbeitet,
sagen zu lassen, dass mein Lippenstift scheiße aussieht.«)

◆ Ein Elternteil des »Bachelors« erklärt, wie stolz es auf
seinen/ihren Sohn sei: 1 Schluck.

◆ Der »Bachelor« leitet eine Abfuhr mit »Du bist eine
tolle Frau, *aber* ...« ein: 3 Schluck.

Dieses Trinkspiel kann man zur Not auch alleine durchführen,
richtig viel Spaß macht Trash natürlich in der Gruppe. Das
heißt nicht, dass man bei jedem Fernsehabend zwangsweise
Menschen in seinem Wohnzimmer um sich scharen muss, es
genügt schon, parallel zur Sendung zusammen mit anderen
das Geschehen auf Twitter zu verfolgen, um das Sehvergnügen
deutlich zu steigern.

Oder man stellt sich, angespornt von den Castingleis-
tungen der *IBES*-Besetzer, selbst seine eigene Trash-Diskus-
sionsrunde zusammen. Bei Facebook existiert mindestens
eine Gruppe, die über die Suchfunktion nicht zu finden, sondern nur per Einladung zugänglich ist, »Jenseits von Australi-
en – TV-Gruppe Basislager«: »Eine private Gruppe für niveau-
volle Freunde der niveaulosen Unterhaltung«, so die Selbst-
beschreibung. Ungefähr 220 Mitglieder treffen sich hier zu
klassischen Trash-Formaten wie *GNTM*, *IBES*, *Schwiegertochter gesucht*, wovon allerdings nur etwa 20 aktive Mitglieder zu
jeder Folge dieser Sendungen einen Live-Kommentierthread
füllen. 400 Kommentare pro Folge sind dort keine Seltenheit,

in Ausnahmefällen wie den herausragenden Eskalationsfolgen des Dschungelcamps können es auch mal 1000 werden. Einige Beispiele aus der 11. *IBES*-Staffel: »Menderes und Jürgen und Legat, das ist wie Pinocchio mit Fuchs und Kater.« – »Ich kann mich nicht entscheiden, ob ich Angst habe, dass Legats Augen rausspringen vor Wut, oder reingesogen werden, wenn er sich aufregt.« – »Für mich sind es die subtilen Kleinigkeiten: die Fürstin behauptet, sie wäre die Einzige, die wüsste, was läuft, und es wird *I might be wrong* von Radiohead eingespielt.« – »Helena läuft wie ein Segway.«

Wie sehr Trash-TV die Phantasie und Kreativität der Zuschauer anregen kann, sieht man, wenn das Geschehen zu eigenen, kleinen Geschichten weitergesponnen, die Handlung in andere Welten übersetzt wird: »Wenn Sophia und David sich gegenseitig ins Gesicht reden, erinnert das stark an zwei in BASIC programmierte Künstliche-Intelligenz-Maschinen, die mit dem Output der anderen gefüttert werden. Chaotische Schleifen. ›Ich verstehe das nicht‹ – ›das kann ich jetzt nicht tun‹ – ›wollen Sie mit mir über ‚Brüste‘ sprechen?‹«

Oder, anlässlich des *Bachelor*-Finales: »Wie beim Meerschweinchenkauf, hinterher denkt man immer, das andere war doch süßer.«

Das Optimum der Formatsbindung ist erreicht, wenn die Handlung und die Charaktere nicht nur spielerisch weitererzählt werden, sondern das Geschehen in Bezug zum eigenen Leben gesetzt und in die eigene Geschichte miteingepuzzelt wird. Und man beim Dschungelcamp plötzlich merkt: »Scheiße, jetzt weiß ich, an wen Legat mich erinnert. Ich wusste, es ist nicht Kinski, es ist mein Ex.«

Neben dem Spaß am Bedeutungsbasteln leistet dieser Second Screen mit vertrautem Personal natürlich auch, was das

Internet an allen Ecken und Enden leistet: Er stillt das Ur-Bedürfnis des Menschen, zu einer Gruppe zu gehören, Interessen zu teilen, *dabei* zu sein. »Need to Belong« nennt das die Psychologie.

Die Produzenten von *Big Brother* haben schon früh erkannt, wie wichtig dieser Aspekt für den Erfolg einer Sendung ist. Sie richteten für die erste Staffel zwanzig Webseiten mit Foren ein, in denen sich die Fans austauschen konnten. Auch über gezielt von Endemol verbreitete Gerüchte über die Containerinsassen. Schnell begannen die Fans, eigene Mutmaßungen und »Insider-Informationen« zu produzieren. Das Format *Big Brother* ist dafür ideal getaktet: Durch die tägliche Ausstrahlung wird genug Material als Diskussionsgrundlage produziert – das dabei aber redundant genug ist, dass auch Neueinsteiger problemlos an das bestehende Fandom andocken können.

Das Leben der anderen –
der Trashfreund auf der Couch

Es gibt einen Satz, den Trash-TV-Freunde immer und immer wieder hören: »Warum schaust du dir diesen Müll an?« Die Vielschichtigkeit der Antwort könnte den Fragesteller überraschen.

Die am häufigsten unterstellte Motivation, sich zum Beispiel das dreieinhalbstündige, auf verschiedenen Ebenen desaströse *RTL2*-*Promi-Kegelturnier* anzuschauen: Das Ergötzen daran, wie andere Menschen leiden. Die Empfindung muss dabei nicht einmal so grundsadistisch sein, wie es in dieser zugespitzten Formulierung klingt. Man kann beim Betrachten auch wohlige Erleichterung spüren, dass man selbst ein aufregerfreies Leben in relativ soliden Verhältnissen führt, während möglicherweise gescheiterte, auf jeden Fall aber deutlich zerrüttete Existenzen sich als Tanzbären in der Trash-Manege verdingen müssen. Ungefähr also jenes Gefühl, das der römische Dichter und Philosoph Lukrez im zweiten Buch seines Verswerks *De rerum natura* mit dem genussvollen Betrachten eines Schiffbruchs umschreibt, wenn man selbst derweil am sicheren Ufer sitzt:

Süß, wenn auf hohem Meer die Stürme die Weiten
erregen,
ist es, des anderen mächtige Not vom Lande zu schauen,
nicht weil wohlige Wonne das ist, dass ein andrer sich
abquält,
sondern zu merken, weil süß es ist, welcher Leiden
du ledig.

Natürlich gibt es auch Zuschauer, die tatsächlich aus reiner Schadenfreude einschalten. Rachael Liberman beschreibt diese Praxis in ihrem Aufsatz *Hate-watching the Housewives: Gender, Power and the Pleasure of Judgement* über das weibliche Publikum der *Real Housewives*-Franchiseformate. Demnach entstehe diese Befriedigung, über andere, insbesondere andere Frauen, urteilen zu dürfen, ja, regelrecht über sie zu Gericht zu sitzen, aus dem Druck heraus, den normative Weiblichkeit auf Frauen ausübt. Liberman zitiert dazu Autorin Leora Tanenbaum, die Weiblichkeit und »Frau-Sein« als ständigen Wettkampf beschreibt, in dem es darum gehe, »gut auszusehen (besser als andere Frauen), eine Beziehung zu haben, mit einer, ›guten Partie‹ zusammenzusein oder diesen begehrten Mann am besten zu heiraten (der mehr Geld verdient oder besser aussieht als die Männer anderer Frauen) und makellose Kinder zu haben (die schlauer, niedlicher, hübscher und wohlerzogener sind als die Kinder ihrer Freundinnen).« Das »weibliche soziale Skript«, so Tanenbaum, positioniere Frauen immer noch in ständiger Opposition zueinander. Sendungen wie die *Housewives* bieten mit ihren exaltierten, holzschnitthaft vergröberten Verhaltensweisen einen ganzen Katalog an Weiblichkeitsklischees, an denen Zuschauerinnen sich abarbeiten können. Natürlich »hassen« sie die dargestellten Edelhausfrauen nicht wirklich, sie betrachten sie lediglich mit scharfem, konkurrierendem Blick – sie taxieren sie, vergleichen sich mit ihnen, wollen gegen die *Housewives* »gewinnen«. Und verhandeln dabei für sich, was es bedeutet, heute eine Frau zu sein.

Denn Trash-TV kann durchaus wie eine Volkshochschule (mit Schwerpunkt praktische Übungen in Sozialverhalten) funktionieren. Steven Johnson, Autor des Buches *Everything Bad Is Good For You. How Today's Popular Culture is Actually Making Us Smarter*, glaubt, dass Sendungen wie *Survivor* oder die diversen Versionen des *Topmodel*-Franchises ihre Zuschauer auch raffinierter und sozial-strategisch schlauer machen können: Jedes Trash-Format habe seine Regeln und Einschränkungen, argumentiert er. Ein großer Teil des Vergnügens entstehe beim Zuschauen dabei, zu beobachten, wie die Kandidaten sich durch diese vorgegebene Umgebung bewegen – wie Molche in einem neuen Terrarium oder begabte Labormäuse in einer Hindernisparcours-Versuchsanordnung. Wirklich spannend wird es dann, wenn die Kandidaten die Schwachstellen dieses Settings, die Lücken im System, erkennen und zu ihren Gunsten ausnutzen. Sie spielen »soziales Schach«, schreibt Johnson, und der Zuschauer überlegt gedanklich eigene Züge, während er fremde Strategien studiert. »Man schaltet nicht geistig ab, wenn man *The Apprentice* schaut. Man spielt mit«, schreibt Johnson. Wen würde ich feuern? Mit welchem Kandidaten wäre ich am liebsten in einem Team? Wie würde ich mich als Teamleader anstellen?

Trash-Zuschauer trainieren unbewusst den Teil ihres Gehirns, der die fast unmerklichen Gesten, den leichten Wechsel im Tonfall, die verräterischen Blicke bei den Menschen um sie herum bemerkt und zu deuten weiß, glaubt Johnson. Vor allem in Extremsituationen – bei unverhofften Belohnungen oder dem unerwarteten Rauswurf – könne man für ein paar Sekunden echte, unverstellte Emotionen studieren. Reality-Shows sieht er als »ausgeklügelt inszenierte psychologische Gruppensitzungen«, von denen man »soziale Logik« lernen könne: »Peter hasst Paul, aber Paul mag Peter, und beide kommen gut mit Mary aus« – was wird wohl passieren?

Aus diesem Blickwinkel kann Trash-Fernsehen heute Ähnliches für seine Zuschauer leisten wie die Theaterbühne des 18. Jahrhunderts, deren Nutzen Friedrich Schiller 1784 in seiner Rede *Die Schaubühne als eine moralische Anstalt betrachtet* beschrieb. In seinen Augen kann das Publikum vom Bühnengeschehen für das Leben lernen, weil hier »Laster und Tugend, Glückseligkeit und Elend, Torheit und Weisheit« in lebhaften, aufklärerischen Bildern vor seinen Augen vorbeizieht. Ganz wie im Dschungelcamp. Das Theater bildet, indem es »das ganze Gebiet des menschlichen Wissens durchwandert, alle Situationen des Lebens erschöpft, und in alle Winkel des Herzens hinunter leuchtet«. Nebenbei bietet es eine schöne, gediegene Abwechslung nach dem Tagewerk, wenn man zu müde für »die feinern Arbeiten des Verstandes« ist, sich aber auch nicht direkt in den »Zustand des Tiers« versetzen will. Theatergenuss schafft nun also einen mittleren Zustand, der die tierische mit der geistigen Natur verbindet und »den wechselweisen Übergang eines Zustandes in den anderen« erleichtert. Die Schaubühne ist es, die den Menschen fühlen lässt, wie es ist, »ein Mensch zu sein«.

Ablenkung vom Alltag, Durchatmen. Für eine kleine Weile in eine Welt abtauchen können, in der die realen Machtstrukturen nicht mehr gelten. Wo der Narr, die Krawallschachtel oder die Bissig-Greisin zum Regenten gekrönt wird. Die Niedersten dürfen in dieser umgekehrten Welt König sein, Dschungelkönig zwar nur, und das auch lediglich, bis man dem nächsten Taumelvögelchen die Narrenkrone auf das Haupt drückt. Teilweise erinnert das Dschungelcamp in diesen Momenten stark an das »Konzept der Karnevalisierung« des russischen Literaturwissenschaftlers Michail Bachtin: Die Karnevalszeit dient demnach seit dem Mittelalter als gesellschaftliches Ventil, weil sie in einem System definierter Verhaltensmuster und Konventionen in einem klar definierten Zeitfenster Tabubrüche erlaubt. Der Tabubruch vereinigt dabei auch sonst getrennte Schichten, für eine kleine Weile verwischen die Grenzen zwischen Hoch- und Popkultur.

Der slowenische Philosoph Slavoj Zizek hat das Format *Big Brother* schließlich einer psychoanalytischen Deutung unterzogen und dabei – eine andere Perspektive – nach der Motivation geschürft, die Menschen zu Kandidaten macht (von der Geldprämie für die Sieger abgesehen). Zentraler Gedanke ist für ihn dabei der ewig auf dem Menschen ruhende Blick, in der Psychoanalyse eine der Urphantasien. Dieser Blick ist die regulierende Instanz, deren Anforderungen der Mensch mit seinen Handlungen gerecht werden will, man will diesem Blick gefallen, ihn beeindrucken. Nach Zizek wird diese Phantasie des Beobachtet-Werdens und die Erkenntnis, dass wir nicht autonom träumen, sondern nur im Traum eines anderen existieren, vom Menschen verarbeitet, indem er sich bewusst selbst zur Schau stellt (sein primäres Beispiel sind Online-Webcams). Denn erst, wenn er von einem anderen gesehen werde, existiere der Mensch.

Woraus sich schließlich eine paradoxe, tragikomische Umkehrung des Orwellschen Gedankens, der Furcht vor ewiger Überwachung, ergebe: Nicht diese Vorstellung der rückzugsortlosen Dauerbeobachtung mache nun Angst, sondern der

Gedanke, NICHT ständig im Blick eines anderen, einer höheren Macht, zu sein. Die *Big Brother*-Kamera wird zum Ersatz für den fremden Blick, den die Kandidaten zum Beweis ihrer Existenz brauchen. Das mag in besonderem Maße auch für die Teilnehmer von *Promi Big Brother*-Runden gelten, den Sammelbecken verblichener Bekanntheiten, die erst durch diese Präsenz in den Köpfen der Zuschauer wieder zu leben beginnen.

We're trash, you and me.
Ist Trash-TV wirklich Müll?

»Früher«, wann war das noch gleich? Diese paradiesische, in-
tellektuell prickelnde, hochniveauvolle, goldene Fernsehzeit,
von der die allfälligen Trash-Trasher immer so gerne sprechen, wenn sie sagen: »Früher hätte es so etwas nicht gegeben. Früher, das war noch echtes Fernsehen! Für die ganze
Familie!«

Ob sie mit dieser vagen Zeitangabe die Jahre der heute als
klassisch gedachten Formen der Samstagabend-TV-Unterhal-
tung meinen? In der Menschen bei *Einer wird gewinnen* als
mindergebildete Dummerchen vorgeführt wurden, von einem
allwissenden Moderator, dessen enzyklopädischen Standards
sie nie genügen konnten? Oder doch ein bisschen später, als
man intime Momente für ein bisschen Flitter bei der *Traum-
hochzeit* verramschte?

Und ob die renitentesten der Trash-TV-Kritiker die Kultur
des sogenannten Abendlandes (dessen Untergang sie nun schon
so lange unermüdlich prognostizieren) gut genug kennen, um
zu bemerken, wie oft die von ihnen kritisierten Formate be-
sagte Kultur eher konservieren, als sie zu zerstören? Immer
wieder lassen sich kulturelle Motive und kollektive Muster mit

langer Rezeptions- und Re-Konstruktionsgeschichte herausschälen.

In *Ich bin ein Star – holt mich hier raus* etwa könnte man Fragmente griechischer Dramen erkennen. Schon die Dramaturgie, der Aufbau der Folgen, ähnelt den antiken Theaterkonventionen: Wie im Prolog, dem »Vorwort« vor dem Einzug des Chores, werden alle Beteiligten ausführlich vorgestellt. Im griechischen Drama folgen dann die Episodia, die von Chorliedern unterbrochenen Handlungen. Der Chor übernimmt dabei die Aufgabe, das Geschehen zu kommentieren, Hintergrundinformationen zu liefern und Interpretationsvorschläge anzubieten – exakt wie die beiden Moderatoren bei *IBES*. Die Chor-Beiträge wechseln sich mit den Monologen und Dialogszenen der Protagonisten ab – im Dschungelcamp sind das hintereinander geschnittene Statements der Insassen, die sie direkt an die Kamera richten (herausgelöst aus Interview-Situationen oder im Dschungeltelefon), und Interaktions-Dokumentation aus dem Pritschenlager. Klagelieder werden ebenfalls in beiden Kulturformen gerne und ausführlich angestimmt, und am Ende steht der rituelle Exodus, der Auszug im doppelten Sinn, nach dem letzten Chorlied, der Abmoderation also. Ob *IBES* allerdings auch geeignet ist, die dramatische Katharsis, die von Aristoteles erwünschte »Reinigung der Affekte«, beim Zuschauer auszulösen, muss jeder Zuschauer mit sich selbst ausmachen.

Big Brother folgt in seinen besten Momenten dem gestalterischen Prinzip von Giovanni Boccaccios Novellensammlung *Das Decameron*: Verschanzten sich darin 1348 noch zehn Menschen in einem Landhaus in den Hügeln von Florenz, um der Pest zu entkommen, lassen sich bei *Promi Big Brother* zwölf zerdellte Unterhaltungsarbeiter in eine stark vereinfachte Gesellschaftssystems-Miniatur einsperren, darben abwechselnd ganz unten oder prollieren ganz oben. Wie im *Decameron* aber dürfen die Weggesperrten reihum ihre Geschichten erzählen, die zwischen Slapstick, Schmierenkomödie und blanker Tragik hin und her hopsen wie Popcorn im heißen Schmalztopf.

Germanys next Topmodel schließlich ist nichts weniger als eine zeitgenössische Bearbeitung von George Bernard Shaws *Pygmalion*, in der Musicalfassung als *My Fair Lady* bekannt: ein einfaches, zerzaustes Strubbelmädchen wird zur feinen Dame umgemodelt. Angeleitet von einem strengen Lehrmeister, muss sie dabei manch schwere Aufgabe und Übung bewältigen. Am Ziel angekommen, fühlt sie sich von ihrem Schöpfer aber derart schlecht behandelt, dass sie erbost flieht. Ist das nicht eine ziemlich treffende Kurzfassung des Schicksals diverser GNTM-Siegerinnen, die sich später von Model-Macherin Klum und der vertraglich zwangsverordneten Management-Agentur ihres Vaters abwandten?

Trash-TV ist nicht nur eine – zugegebenermaßen mit reichlich Sülze und Fettstücken gefüllte – Konservendose für uralte kulturelle Motive, sondern auch ein echter Werte-Imprägnator. Viele Formate sind in ihrer Grundaussage unglaublich konservativ; statt traditionelle Werte und Gesellschaftsbilder zu zerschlagen, werden diese im Gegenteil zementiert. Zu beobachten ist das am deutlichsten am schwerst reaktionären Frauenbild des *Bachelors*, aber auch das vermeintlich progressive Format *Hochzeit auf den ersten Blick* strotzt nur so vor altertümlicher Konvention. Das fängt damit an, dass die Braut natürlich das obligate Baiserhaufenkleid kauft, um sich – hört das denn nie auf – »wie eine Prinzessin« zu fühlen. Und geht weiter mit der Brautmutter, die auf dem Standesamt völlig d'accord ist mit der Vorgehensweise, weil es bei »den alten Rittersleut« ja auch nicht anders gewesen sei: »Die Frau von der anderen Burg wurde geheiratet, ob sie schön war oder nicht.«

Mindestens so kakerlakenhaft unverwüstlich wie diese Klischees ist also auch der Trash, der sie darstellt und reproduziert. Das war's also noch lange nicht gewesen mit diesem Fernseh-Genre, wie die Gastgeberin von *Germanys next Topmodel* in ihrem typischen Klumquamperfekt sagen würde.

Das ganze Leben ist ein Quiz, sang Hape Kerkeling in seiner Kitschshow-Verulkung *Kein Pardon*. Das ganze Leben ist ein Schiss, sagt der Trash, dieses ordinär bunte, aufgeblasene, zum Platzen überspannte Ding, manchmal nicht weniger als eine kleine Rettungsinsel im unendlichen Alltagsozean. Weil Trash in dieser überkomplexen Welt für eine kleinen Weile an die schiere, lächerliche Banalität des Daseins erinnert. Und das kann wahnsinnig erleichternd sein.

Lektüretipps

John Fiske: Television Culture. London / New York 2010.

Bernd Gäbler: Bohlst du noch oder klumst du schon? Der Siegeszug des Banalen und wie man ihn durchschauen kann. Gütersloh 2013.

Steven Johnson: Everything Bad is Good for You. How Today's Popular Culture is Actually Making Us Smarter. New York 2006.

Maris Kreizman: Slaughterhouse 90210. Where Great Books Meet Pop Culture. New York 2015.

Jennifer L. Pozner: Reality Bites Back. The Troubling Truth About Guilty Pleasure TV. New York 2010.

Rachel E. Silverman (Hrsg.): The Fantasy of Reality. Critical Essays on *The Real Housewives*. Frankfurt a. M. [u. a.] 2015.

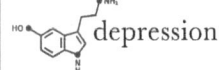